本书为重庆市社会科学规划 2015 年度项目《民国时期重庆名校学校治理制度研究》（项目号 2015BS066）和重庆市重点文科基地"重庆市统筹城乡教师教育研究中心"2016 年度重点项目《重庆市农村中小学学校治理能力与水平研究》 （项目号 JDZB201609）的研究成果。

西南大学教育学部
现代教育文库

# 找寻失落的"蜀庠楷模"

## ——重庆聚奎学校变革的历史人类学研究

田晓伟 著

人民出版社

**图书在版编目（CIP）数据**

找寻失落的"蜀庠楷模"——重庆聚奎学校变革的历史人类学研究 / 田晓伟
著. —北京：人民出版社，2019

ISBN 978-7-01-020537-3

Ⅰ. ①找… Ⅱ. ①田… Ⅲ. ①中学－学校教育－研究－重庆 Ⅳ. ①
G639.287.19

中国版本图书馆CIP数据核字(2019)第052938号

找寻失落的"蜀痒楷模"——重庆聚奎学校变革的历史人类学研究
ZHAOXUN SHILUO DE SHUYANG KAIMO——CHONGQING JUKUI XUEXIAO
BIANGE DE LISHI RENLEI XUE YANJIU

著　　者：田晓伟
责任编辑：翟金明　韩　悦
出版发行：人 民 出 版 社
地　　址：北京市东城区隆福寺街99号
邮政编码：100706
印　　刷：廊坊市海涛印刷有限公司
版　　次：2019年6月　第1版
印　　次：2019年6月　河北第1次印刷
开　　本：710毫米×1000毫米　1/16
印　　张：15
字　　数：190千字
书　　号：ISBN 978-7-01-020537-3
定　　价：66.00元
销售中心：(010) 65250042 65289539

# 目 录

# 绪　论

## 一、研究缘起

教育在社会转型与时代变迁中的形态和作用历来为人们所关注和重视。在这些转型和变迁中，教育自身也经历着或细微或全面，或短暂或持久，或被动或积极，或平静或剧烈的变化，与整个社会的外发性现代化相一致。中国教育是在清末民初直至今天的社会转型影响下，在西学东学纠结的文化氛围中逐渐迈向现代化。在这一进程中，现代意义之学校作为一种制度化的存在扮演着承载者、践行者和改革者的角色。尽管我们正在进行实现真正的现代化教育的改革，还在走向现代化教育的过程之中，"但是我们不能不了解中国教育现代化已经经历了相当漫长的历史进程，它伴随着传统教育的不断解构而兴起，其过程十分曲折，需要反思性理论总结与探索。"① 事实上，如何理解历史决定着我们如何看待现在，如何预见未来。过去、现在和将来需要被放在一个连续体中才有观察分析的可能，这个连续体可以是族群、文化和制度等。因为今天和明天的选择是由过去决定的，过去只有在被视为一个演进的历程时才可以理解。② 关于近现代教育理论与实践的反思，近些年在多个维度上展开来，有的从纵向维度即时代的先与后来描述中国教育的发展演变轨迹，有的从横向维度即文化、思想与制度来反映中国教育的整体概

① 丁钢：《历史与现实之间：中国教育传统的理论探索》，广西师范大学出版社2009年版，第142页。
② ［美］道格拉斯·C.诺斯：《制度、制度变迁与经济绩效》，刘守英译，上海三联书店1994年版，第1页。

貌。这两者各有长处，也确有不足的地方。前者重描述而轻分析，虽然能客观表达但是缺乏深度；后者重理论思索而轻实践探究，虽然能高谈阔论却割裂了教育演变的现实图景。如果能够将两者结合起来，则对于此类反思的过程和结果将善莫大焉。本书题目的选择与确定正是力图吸收和借鉴上述的两种方式的优点，对学校在近现代中国的历程进行恰当合理的反思，找寻在这个转型加速的时代中国学校改革与发展的路向。

学校作为有计划、有组织地进行系统教育的机构，必然具有物质基础、文化渊源和关系网络等，是一种社会关系和制度存在，是一种教育细胞。个体和群体的教育回忆必然是由一个个学校的经历串接起来的。学校历史是教育历史的组成部分，也是其背后教育思想发展的历史，更是那些有着社会责任和教育良心的人们在现实中不懈探索教育发展与教育兴邦的历史。特别是近现代以来，教育作为图存图强的途径使人们前赴后继，同时教育自身也在这个过程中逐步走上了实现现代化的道路。"于是便出现了教育改革的社会潮流，从 19 世纪末 20 世纪初开始的中国教育总体转型，涉及教育观念、教育理论、教育制度、教育内容和教育方法各个层面的深刻变革"。① 学校处于宏观教育思想与微观教育实践之间，连接着教育制度和教育活动。学校的变革必定凝结了不同层面的教育转型，而理所当然地成为观察和理解整个中国教育近现代化的窗口。

## （一）选题缘由

### 1. 出于对学校命运的思考

学校使原来一般意义上的教育活动无论在形式还是内容上都谋求到了一种坚实的依托。人们在苏美尔的考古文献中发现，上古的人们就懂得"闭着眼睛进去，睁着眼睛出来，解决之道在于学校"②。正是由于

---

① 章开沅：《中国教育近代化丛书·总序》，广东教育出版社 1996 年版，第 2 页。
② 滕大春：《外国教育史和外国教育》，河北大学出版社 1998 年版，第 4 页。

学校的存在，使得年轻一代能够站在前人的肩膀上不断走向远方，追寻属于自己的梦想。也正是由于学校的存在，人类社会避免了由于历史的交替更迭而导致的人类文化在其发展过程中出现的流失、断裂的现象。有了文化的进一步繁荣和发展，有了光辉灿烂的古代文明和日新月异的现代文明，学校自从其诞生之日起就成为个体完善与发展的途径，成为社会教化的重要场所，成为国家治乱兴衰的根源所系。然而，学校价值和功能的实现并非是自然而然的，它受各种因素和逻辑的影响。学校的构成要素、环境和运行规则都影响着学校最终表达出来的状态，而很多时候学校的价值表达和功能实现并非处于人们所期望的状态。这成为困扰教育思想和实践的一个重要问题。

审慎而理智地思考国家、群体和个体的命运是社会科学研究的应有责任，思考学校作为一种教育存在的命运应当成为教育研究的责任。而对历史的反思也将更多地带来新的可能性，推动当代以及未来开放型问题的出现。① 涂尔干（Durkheim）于 1904 年至 1905 年期间在巴黎大学开设了"法国中等教育史"的课程。他上课的讲稿最后以《教育思想的演进》② 命名整理成书，成为社会学和教育学研究的经典。在这部讲稿中，涂尔干对长达十几个世纪的教育观念与制度的演变进行了考察，几乎涵盖了法国启蒙教育从早期教会的"肇发时期"到 19 世纪的"危机时期"的演进过程，勾画了一幅现代教育在制度化和文明化的意义上从生成到危机的全景。这种对教育思想演进的回顾不仅是涂尔干本人的学术探索，也代表了一个民族对教育发展变革的审慎而理智的思考。就像有评论所说的，读此书可以明白现代教育的源头是怎样的。现代教育的各种规章制度，全都能在古代找到各种各样的原型。我们仿佛从书中看到，教育之水如何分开、汇合、拐弯、奔涌。涂尔干为我们描述和分

---

① Paragraphs, *Internationale Festschrift fur Chorister Anthropocentric*, Berlin, 1992, p. 152.
② ［法］爱米尔·涂尔干：《教育思想的演进》，李康译，上海人民出版社 2006 年版，第 8 页。

析了众多细节，指明了教育思想河流奔涌的方向及制约它的岸的形状，点明它所发挥的诸多灌溉作用。

中国社会的转型也迫使教育应当有一种集体的反思意识，特别是对学校的变革需要在反思中沉淀，在沉淀中探索，从而把握学校发展的命运。学校变革的历史是在教育现存的结构特征（教育生活、教育制度和教学过程等）与学校变革承担者的结构性实践（阐释与行动）的相互作用下构建而成的。学校作为现代教育的核心，关于它的研究应当对其"来时"的路径和"去时"的方向有一种恰当的把握，特别是对学校发展演变中的重大事件的背景、本体、逻辑等进行深入地描述和解释。如果不能做到这一点，学校改革便容易迷失方向，失去依据，导致对学校研究的"无根"和"悬置"状况，特别是不能立足于中国学校发展变迁实践的研究会使我们的学校研究逐步丧失独立思考的能力。在思考中国学校制度发展和改革的问题时，立足自身对学校发展和演变的回顾是必要的。对曾经发生的历史的重现，辨清历史变迁背后的偶然因素和必然逻辑，是进行学校发展研究的基础。"现在的根，深扎在过去，而对于寻求理解现在之所以成为现在这样子的人们来说，过去的每一件事情都不是无关的。"① 历史是一个承继体和连续体，是由时间序列构成的。在时间轴上，学校的现在是由学校的过去发展而来，而学校的未来又必将是过去与现在的接续。因此，对一个学校自我生命轨迹的观察和反思，需要把视角拉近和把视野拓宽。研究者应当以学校的命运走向为考察线索，对学校变革的轨迹进行深描，并解释过去已有的事实和行为，结合当下学校发展的现实，探求学校未来发展的路向。学校越来越成为今天人们教育关注的焦点，学校自身也处在不断改革与发展当中。在这种机遇与挑战并存的局面下，学校如何变革发展，如何担当起育人兴国的责任，是摆在理论研究和实践探索面前的重大问题。

---

① 吕达：《课程史论》，人民教育出版社1999年版，第4页。

2. 来自学校变革理论的启示

一所学校的存在和沿革不是办学活动在时间平面上的任意涂抹，而是以边框、层面、条块的方式立体地和动态地建构，而这些演变过程更多是由学校变革的"社会性事实"（Social Facts）这些基本元素构成的。因此，观察和思考学校的命运也应当力求基于对这些"社会性事实"立体而动态地详尽描述来展开。如何对这些"社会性事实"进行掌握？如何能够利用这些事实系统地串接起学校演变的脉络？这些社会性事实中哪些是影响学校变革的主要因素？而这些因素又遵循了何种路径，对学校变革发挥着影响作用？要回答这些问题，学校变革理论无疑给予了本书很大的启示。

现代学校变革理论肇始自国外，也是从学者们思考学校如何变革发展的问题开始。"R. G. 哈维洛克和 C. V. 古德最先关注的是变革的定义和分类：第一类是有计划教育变革（Planned Change of Education），是一种凭借某种方案推行的蓄意的（Deliberate）教育变革，第二类是自然的教育变革（Natural Change of Education），这类变革通常情况下没有专门的变革方案，也不会带有明显的蓄意性。这两位学者同时也认为，教育的现实是教育变革需要真正关注的着眼点，教育变革是对教育现状的改变，它多为社会学所关注，研究其变革的过程及动因。"[①] 他们借助了各种分析范式，力图找到学校变革的理论解释与建议。莱维特（H. J. Leavitt）运用了系统变革模式，库尔特·勒温（Kurt Lewin）发掘了力场分析理论，罗宾·斯特克茨（Robin Stuart – kotze）借鉴了情景变革模式，钦和贝恩（Chin & Benne）提出了标准、市场、学校本位的学校发展理论、权变理论和学习型组织理论，此外还有阿吉里斯（C. Argyris）的干预理论，格雷纳（L. E. Greiner）的按权力分配关系组织变革的理论，弗罗曼（M. Frohman）等人的行动研究理论，约

① 冯建军：《教育转型：内涵与特点》，《教育导刊》2011 年第 9 期。

翰·梅耶（John Meyer）与布莱恩·罗万（Brain Rowan）合作推动了新制度主义用于反思学校的发展历程，等等。他们或者强调以人为中心进行变革，或者强调以组织为中心进行变革，都在从不同角度对学校变革进行着描述、解释和建议。《让每一所学校成为杰出的学校》《变革的六个秘密》《创建卓越学校》等等，从这些著作的名称我们就可以看出国外学者对学校如何变革这一话题的急切心情和良苦用心。

我国教育理论学者们也意识到了学校变革对于当下教育发展的重要意义。近年来，我国学校变革研究的方法与视角也丰富多彩，如文化学、经济学、社会学及比较法和方法论等。叶澜先生围绕学校变革进行了长时间和深入的教育研究，取得了丰硕成果。她认为我国当前学校需要实现转型，从近代型学校转换到具有价值提升、重心下移、结构开放、过程互动和动力内化特征的现代型学校。① "世纪之交中国基础教育改革研究丛书""中小学管理改革丛书"和"当代学校变革的理论与实践译丛"等一系列研究代表了国内学者思考学校变革问题的努力和成果。有研究者从学习型组织理论出发，指出学校变革的目标和归宿是学习型学校。② 还有关于学校变革的策略与技术研究，基于不同学科视角，形成了丰富多彩的成果，如基于医学的学校管理诊断，③ 基于企业管理理论的学校发展规划，④ 基于政治学的办学自主权下放与内部分配，⑤ 以及基于文化学的学校文化变革。⑥

这些研究的缘起、过程、方法和结论对笔者思考学校命运经予了极强的理论启发，让笔者从零敲碎打和徒发感慨中走了出来，从理论的角

---

① 叶澜：《实现转型：世纪初中国学校变革的走向》，《探索与争鸣》2002 年第 7 期。
② 范国睿：《走向学习型组织的现代学校》，《教学与管理》2001 年第 1 期。
③ 季萍：《学校管理诊断》，教育科学出版社 2002 年版，第 8 页。
④ 林清华、何恩基：《教育策划与学校管理变革》，《教育评论》2004 年第 4 期。
⑤ 赵学华：《试论中国学校发展的内生机制》，《北京社会科学》1997 年第 4 期。
⑥ 吴增强：《积极的组织文化：学校发展的深层动力》，《上海教育科研》2003 年第 9 期。

度开始思考学校命运与学校变革问题。我们这里所言及的变革是广义的变迁沿革，包括按照一定计划有意而为的变革，也包括非计划非蓄意的自然的变革。学校变迁沿革的"社会性事实"及其脉络背后是否可以按照某种范式进行恰当描述，学校变革背后的必然和偶然要素与逻辑是否可以得到合理解释，学校变革是否需要或者需要何种理论来支撑其探索过程。这些疑问对笔者思考学校变革问题有所启发，也希望通过研究能得到回答。

### （二）个案选择

选择一所有代表性的学校是进行学校变革问题研究的基础。这所学校的成长必然与社会发展有着同样的节奏，身上留有社会变迁和教育变革的烙印；这所学校必然有着丰富的教育经历，曾经经历过低迷和沉寂，也达到了办学上的顶峰；这所学校必然今天仍旧有着旺盛的生命力，仍旧伴随着社会和教育的发展脉搏跳动。聚奎学校便是这样一所学校。①

聚奎学校所处的白沙镇位于长江航道之上，这里的宝峰最早是一片幽静的山野树林，早在明朝时期就因为人们祈求消除水患而修建了川主庙与宝峰寺。清同治七年（1868），当时的宝峰寺僧人因为不守清规被驱逐出了寺庙，当地人就在寺址上办学，这便是聚奎义塾的前身。随后，伴随着重庆开埠，白沙的经济特别是商品经济发展迅速，盐业、航运、制造业逐步兴盛发达。白沙团总张元富与"洪顺祥"盐号老板邓石泉经常外出郊游。他们多次到宝峰寺，看到寺庙旁边的空地幽静宽敞，非常适合建校办学。于是两人合议建校办学的事宜，以后多次磋商如何具体操办。清同治九年（1870），张元富将这所未来的学校命名为"聚奎义塾"。"聚奎"便是取"奎主文昌，虽为武库，实文章之府"之

---

① 聚奎学校历史上存在过多个名称，为表述方便，在此概称为"聚奎学校"，后文涉及具体阶段名称时，则按其原来名称。

意。张元富与邓石泉二人又发动程瑞章等二十余人打会集资，集得白银三千六百两。同治十三年（1874）春，开工建造书院房舍，由张元富主持其事。在书院建造期间，江津有差役梅魁犯法，知县国璋没收了他在郑家坡、白鹤井等处租谷为八十余石的田产作为聚奎办学基金。光绪六年（1880），聚奎书院正式成立。书院共办了二十五年，先后在此执教的有程德灿、周庚、李荫南、杨兰田等人，来此求学的有五百余人。前期办学面向科举，每年考中秀才的约十人，占全县名额的一半，其中考中举人的有邓鹤鸣、黄翰、胡知行、涂熙雯、程文焕等人。聚奎书院在发展的后期注重吸收自由思想，通过讲学以广播维新派的言论，使维新思想在书院的师生中流传。后期学生因接受维新主张去外地寻求新学的较多，其中去日本留学的有邓鹤丹、周常昭等。旧民主主义革命烈士卞鼐（又名卞小吾），于1904年首创四川第一家日报——《重庆日报》。此外，书院还收藏了乾隆以来出版的数万卷古籍及大量新学书刊。今天的聚奎书院因为建筑保存完整、设施完善和藏书丰富，成为重庆和四川保存最完好的清代书院。

在清朝政府废除科举制度的1905年，邓氏家族在白沙溜马岗兴办了全川最早的女子小学之一的"私立新本女子学堂"，诸树德（邓鹤翔之妻）任堂长。1930年新本开办初中。1913年，聚奎小学改为县立，校长由政府委任。于是因争掌校长职位、争夺校产谋私引起众多纠纷。1925年，聚奎学校成为私立学校，成立了由邓鹤丹任董事主任的学校董事会。1926年1月，聚奎由溜马岗迁回黑石山，校长戴坤垣与董事会力谋振兴，注重教学，严格管理，积极改善办学条件。邓鹤年出银七万余元，建大礼堂、教学楼、实验室、图书室、风雨操场等。学校迅速发展，一派兴旺景象，莘莘学子，纷然来归。1930年学校增办初中，初名"石泉中学"，1931年改名，始称"聚奎中学"。1940年聚奎学校校庆，当时的四川省教育厅长郭有守书"蜀庠楷模"四字致贺。由于历年来办学成绩卓著，学校三度获教育部、四川省政府、省教育厅的特令嘉奖，聚奎誉满巴蜀。1949 年新中国成立后，江津县人民政府接管了学校。1950 年，聚奎中学与新本女中合并，被命名为"私立奎新中学"，吴汉骧任校长。当时学校经费难以筹集，只能维持教职工的最低生活，董事主任邓燮康变卖原存备修建用的材料来支撑学校运行。1953年，奎新中学正式改名为"江津县第五初级中学"。1958 年，江津五中并入江津三中，学校一度在"文化大革命"中停办。1972 年，学校始招收推荐的高初中新生。1978 年，"文革"结束，学校系统进行了拨乱反正，聚奎学校也再次走上了发展正轨，被定为永川地区重点中学。学校坚持全面发展的教育方针，以提高教育质量为中心，实行文理科并重，高初中并举，办学质量逐年提高，1977 年恢复高考时，仅 8 人考上高校，1984 年就超过百人。1984 年恢复旧称"聚奎中学"。学校着手抢救图书、文物，培植园林，增添校舍、设备。1992 年，学校被列入《全国名校·中学卷》；2002 年学校被评为重庆市"文明单位""社会主义文明礼仪示范学校"；2003 年被评为重庆市"绿色学校"。2004年 1 月，经重庆市人民政府正式行文批准，成为重庆市重点中学。

**表 1　聚奎学校知名校友**

| 姓名 | 性别 | 在校时间 | 主要成就 |
|---|---|---|---|
| 邓鹤翔 | 男 | 1872－1876 年 | 聚奎办学后裔，曾任江津县议事会首任会长 |
| 邓鹤丹 | 男 | 1898－1902 年 | 聚奎办学后裔，曾任重庆联中、江津中学校长 |
| 卞小吾 | 男 | 1888－1893 年 | 创办四川省第一家《重庆日报》 |
| 诸克聪 | 男 | 1890 年 | 曾任《吉林日报》主笔，吉林省议员 |
| 诸子言 | 男 | 1910 年毕业 | 曾任中国民主建国会会员、自贡市 1－4 届人民代表 |
| 吴芳吉 | 男 | 1906 年入学 | 爱国诗人、重庆大学创始人 |
| 邓少琴 | 男 | 1907 年入学 | 巴渝史学家、重庆博物馆副馆长 |
| 颜实甫 | 男 | 1910 年入学 | 四川大学教授 |

续表

| 姓名 | 性别 | 在校时间 | 主要成就 |
|------|------|----------|----------|
| 樊弘 | 男 | 1913 年毕业 | 北大教授、著名经济学家 |
| 程绍迥 | 男 | 1909 年入学 | 曾任中国农科院副院长 |
| 张采芹 | 男 | 1917 年入学 | 著名国画家、成都市政协委员 |
| 陈文贵 | 男 | 1917 年毕业 | 细菌学专家、第一届全国政协委员 |
| 徐近之 | 男 | 1921 年毕业 | 南京地理研究所主任、学部委员 |
| 萧林 | 男 | 1924 年入学 | 上海市政协常委、上海市商业局副局长 |
| 吴惠弼 | 男 | 1933 年毕业 | 全国钢结构标准技术委员会委员 |
| 郭明达 | 男 | 1940 年毕业 | 曾任中国舞蹈家协会常务理事 |
| 邓时泽 | 男 | 1945 年毕业 | 曾任重庆大学副校长 |
| 周光召 | 男 | 1941 年入学 | 著名核物理学家，第九届全国人大常委会副委员长 |
| 邓若曾 | 男 | 1950 年毕业 | 中国女排原主教练 |
| 彭德秋 | 男 | 1975 年毕业 | 现任四川省委组织部副部长 |
| 周光权 | 男 | 1984 年毕业 | 现任清华大学法学院副院长 |
| 蒲德群 | 女 | 1987 年毕业 | 现任清华大学教授 |

聚奎学校经历了封建社会科举制度下的义塾和书院的建制，也经历了清末学堂改制和民国的新式学校转型，形制完备。学校从创办小学到开办初中，后又增设高中，甚至规划筹建大学，办学层次齐全。学校自清末延续至今，跨越多种性质的社会形态，办学历史悠久，积淀深厚，是近现代以来中国教育历史变革的缩影。聚奎学校的变革史与中国近现代化进程相联系，与教育发展变迁相联系，与中国学校的形成变革相联系，是普遍中的个别，在特殊中蕴藏一般，是研究学校变革的优秀案例。

## （三）聚奎学校的研究价值

就像一位当值的历史老人，善于在浩繁的事件中，把久远的历史与眼前的现实连接起来，揭示其内在的意义，启示人们在历史进程中审视现代教育的真谛，从中认识推进教育变革的紧迫性和必要性。① 今天的聚奎学校似这位老人在诉说着学校发展的历史。对聚奎学校演变和沿革历史的研究就是让这段诉说成为今天我们继承前人，努力探索学校变革之路的希望。研究聚奎学校的价值在于：

第一，聚奎学校形制完备。聚奎学校自创始至今先后经历了义塾、书院、学堂、学校的变迁，特别是经历了近现代以来学校形制的历次重大变革，是中国近代学校教育发展演变的缩微模型，对于分析和研究学校的变迁具有重要价值。它让历史研究回到了那时的现场，还原了很多场景，赋予这些研究以生机。我们不再是从故纸堆中理解艰涩的文字，猜度前人的思想。

第二，聚奎学校成就卓著。聚奎学校因为其特殊的地理位置和灵活的办学体制，创造了近现代学校办学的典范，被誉为"蜀庠楷模"。这里曾经名师荟萃，人才辈出，其声势之浩大、成绩之显著在四川乃至西南地区名列前茅。但由于时局的变迁，学校遇到了极大的挫折，难以再现往日的辉煌。新中国成立后聚奎中学虽然经历波折，但是仍旧不断前行，特别是在改革开放后办学活动取得了骄人成绩。学校办学以"优美的环境熏陶人，悠久的校史激励人，厚重的文化哺育人"而再度名播巴蜀。学校现在是重庆市重点中学，是国家级"绿色学校"，重庆市级"文明单位""市容整洁单位""文明礼仪示范学校""园林式单位""绿色学校""安全文明校园""中小学信息技术教育示范学校""卫生示范食堂""五四红旗团委"。学校党总支多次获得江津区"先进基层党组织"的称号。

第三，聚奎学校仍在探索。学校变革具有鲜明的时代性，无时不处于动态变化之中。无论是历史上的成就还是今天的荣耀，都不能停歇教育发展和学校变革的角度。在教育思想丰富而且多元、教育技术发达而且多变的今天，聚奎学校始终仍旧在为探索通过学校变革提升人才培养质量的道路。但凡探索的过程难免会有彷徨和迷茫，也时常让像聚奎中学这样的现

---

① 黄旭：《从教育创新角度探历史之脉》，《中国教育报》2003 年 5 月 22 日。

代化学校苦恼。但"事不避难"的学校精神一直鼓励着一代又一代聚奎人，他们不断学习先进的教育理念、管理制度、课程设计、教学方法等，不断将改革落实到教育教学活动的每一个环节。也正是这样一个勇于探索的过程，为今天学校变革的宏大画卷填上了属于聚奎人的一笔。本书的研究将可能对聚奎学校的探索形成帮助和借鉴，更可为很多如聚奎学校一样在探索中的学校带来些许启发。

## 二、文献综述

尽管我们描述的是一所学校的变迁历程，但是这种描述所反映的不仅仅是某个学校的独特经验。这些独特经验隐含的是整个教育思想的演进、教育实践的发展和学校群体的变迁。围绕着学校变革发展的研究也相应地包括了关于教育变革和学校变迁的研究。同时历史人类学的研究方法让学校变革研究的眼光聚焦和下移，更加细致和深度地对个体经验进行描述。不同的理论也给予我们观察学校变革不同的角度，让我们更加全面地了解所要了解的真相。

### （一）教育变迁

#### 1. 文化视野中的教育演进

当前关于教育在近现代中国演进轨迹的研究集中于对过往事实的描述、总结和反思。这些研究聚焦于中国教育近现代化进程中的思想、制度和范式的变化，关注对教育变迁的内容、动因和逻辑的分析。当然也有少数研究侧重于根据教育中的教科书、教师、学生的某一方面来反映整个中国教育近现代化的演进过程，受文化观和制度主义理论的影响，以历史眼光看待教育的演进非常注重教育思想和制度发生、发展和演变的规程，注重总结经验、教训和特点，作出科学评价。① 回顾与反思 20 世纪中国教育改革

---

① 孙培青：《中国教育史》，华东师范大学出版社 2009 年版，第 1 页。

的发展历程与经验教训，是处在变革时代之中的今日中国教育改革主持者与参与者面临的紧迫任务，也是中国教育政策制定者与研究者的重要责任。①

　　教育实践变化的背后是教育思想的演化，而思想世界作为一个复合体构建出来的图像就是文化。② 从文化的角度考察教育，可在一定程度上揭示出教育的一些本质特征来。③ 顾明远曾经指出，长期以来，我国教育理论界只研究微观的学校内部的教育教学工作，很少研究宏观的教育与社会发展的关系。④ 从20世纪80年代末开始，中国教育学理论界侧重描述宏观的文化与教育发展演进的关系。1988年，傅维利等人在《文化变迁与教育发展》一书中为读者提供了一个相当有价值的研究视角和思路。这本著作从文化角度对教育进行了重新思考，介绍了中国近现代的文化论争及其对教育发展的影响，认为这段历史揭示了一个原理，即任何一次社会变革，如果没有伴随相应的民众心理的变革，那就必然是不彻底的。同时认为"在教育史上，这样一个历史事实是很明显的，即中国近代教育思想和教育实践的发展，与中国近代文化论争及其文化思想的发展有着极其紧密的联系"。⑤ 丁钢也在《文化的传递与嬗变》中提出了文化与教育发展变迁的关系，他认为政治或经济对社会文化发展的巨大作用，往往不能离开教育这一媒介而得以充分发挥；作为文化媒介的教育，将文化加以有目的有意识的传递与保存，并通过选择与重组而实现文化的改造。⑥ 此后的很多教育学基本理论的著作和教材中都涉及了文化变迁与教育变迁的关系。傅维利

① 周洪宇：《20世纪中国教育改革的回顾与反思》，《华中师范大学学报》2011年第5期。
② ［美］基辛：《当代文化人类学》，张龚启译，巨流图书有限公司1980年版，第278页。
③ 叶澜：《二十世纪中国社会科学：教育学卷》，上海人民出版社2005年版，第273页。
④ 顾明远：《中国教育的文化基础》，山西教育出版社2004年版，第271页。
⑤ 傅维利等：《文化变迁与教育发展》，四川教育出版社1988年版，第116页。
⑥ 丁钢：《文化的传递与嬗变》，上海教育出版社1990年版，第2页。

《教育功能论》中的"教育的文化功能",袁振国《当代教育学》中的"教育与文化",① 叶澜的《教育概论》中也专章论述了教育与社会文化的关系。②

　　当代中国教育发展变化研究的诸多视角中,文化角度一直占据了重要地位。现实中,近现代中国教育的变革从另外一个角度反映了社会文化的变迁。因此,以文化变迁为背景考察中国教育改革的历史轨迹,是理解中国近现代教育发展的一把钥匙。"如果我们能从文化的角度来反思 20 世纪中国教育变革的历程及当前文化转型期所面临的重大教育问题,那么我们一定能得出许多有益的启示。"③ 从中国近现代教育改革起步开始,"每一次文化冲突都促进了文化的变革,同时也促进了教育的变革"④。沿着这条文化变迁的思路,理论研究的触手分别伸向了教育与文化的关系⑤、教育变革与文化变迁的关系,更有叶澜的"新基础教育论"、黄书光的文化差异与价值整合⑥、杨晓微的文化创新力⑦、丁钢的教育文化功能、石中英的教育文化使命⑧等研究。这些研究都从文化的视角关注了教育的发展变化,并且这些研究的结论都无一例外指出文化变迁与教育演进之间存在着密切联系,二者密不可分的亲缘关系使得文化的深刻嬗变都会在一定程度上引发教育上的振动与变革。郑金洲与冯青的研究以现代化进程中的文化嬗变为脉络,通过对文化哲学与教育理念的理论分析与现实透视,尝试"在我国当前社会现代化转型的文化语境中建构一种基于文化哲学视角的教育实

---

① 袁振国:《当代教育学》,教育科学出版社 2004 年版,第 52 页。
② 叶澜:《教育概论》,人民教育出版社 2005 年版,第 71 页。
③ 程晋宽、田正平:《教育变革与文化变迁的关系》,《河北师范大学学报(教育科学版)》2001 年第 6 期。
④ 刘琪:《中国教育的新生,文化的传递与嬗变》,上海教育出版社 1990 年版,第 245 页。
⑤ 杜学元:《试论教育与文化变迁的关系》,《四川师范学院学报》1989 年第 5 期。
⑥ 黄书光:《文化差异与价值整合》,教育科学出版社 2011 年版,第 9 页。
⑦ 杨小微:《文化创新:教育变革与发展的持续动力》,《教育发展研究》2011 年第 12 期。
⑧ 石中英:《二十一世纪基础教育的文化使命》,《教育科学研究》2006 年第 6 期。

践理念，以导引当前教育对文化嬗变的合理应对"。①

在分析教育演进的研究中，对教育演进与社会变迁关系也有着相当多的关注，特别是社会变迁对教育演进的影响。夏德清②、卫道治和沈煜峰等人③较早论述了教育与社会、教育演进与社会变迁的关系。他们认为以表意整合制度为基点，如果政治制度或经济制度引起社会变迁，那么教育必然会出现功能性的适应性调整和变化，此时，教育是社会变迁的结果；如果由表意整合制度内部引起社会变迁，教育是社会变迁的动因之一；如果表意整合制度和经济制度或政治制度和表意整合制度引起社会的变迁，这时教育是社会变迁的条件。社会变迁或迟或早、或多或少都会对教育产生影响，且最终将导致教育变迁。④ 社会的渐变会导致教育的微调，社会的剧变会导致教育的重构，而社会混乱将导致教育的失范。⑤ 而教育发展与社会发展之间关系十分复杂，教育既是社会发展变化的机构，同时它又受到社会发展变化的制约和影响。⑥ 蔡中宏的博士论文《论社会与教育发展》将教育演进与社会发展的关系定位在了文化和人的社会化上。在国内关于学校变革的研究中，侧重于从宏观教育改革角度来关注学校变革的成果比较多，代表性的著作如石中英的《知识转型与教育改革》，马健生的《教育改革动力研究》，王宗敏、张武升的《教育改革论》，郑新蓉的《现代教育改革的理性批判》，吴忠魁、张俊洪的《教育变革的理论模式》，等等。

对绝大多数人来说，最终决定他们是否以及在多大程度上参与或支持教育改革的主要因素并不是对理念的守持，而是对利益权衡场域改变的动力。也是源于行动者在追求利益的过程中所产生的冲突和竞争，是利益的

---

① 郑金洲：《多元文化激荡中的教育变革》，《学术月刊》2005 年第 6 期。
② 夏德清：《论教育与社会的关系》，《华中师范大学学报》1986 年第 5 期。
③ 卫道治、沈煜峰：《教育与社会变迁》，《武汉大学学报》1988 年第 5 期。
④ 吴康宁：《教育社会学》，人民教育出版社 1998 年版，第 155－193 页。
⑤ 吴康宁：《社会变迁对教育变迁的影响：一种社会学介析》，《华东师范大学学报》1997 年第 2 期。
⑥ 谢维和：《教育活动的社会学分析》，教育科学出版社 2000 年版，第 293 页。

文化思维决定了他们的行动。因此形成推动学校变革良性运行的利益导向文化和机制，对变革的推进将会起到关键性的作用。① 如果否认学校变革中利益冲突的客观事实或者以表面的和谐来掩盖存在的利益冲突，那么也就没有调节冲突的可能，反而有可能进一步加剧冲突的激烈程度。② 还有学者从 20 世纪下半叶中国社会变迁来看我国教育学科体系的变迁，通过不同时期教育学科体系建设侧重点的不同反映了政治因素对教育变迁的影响，侧重于社会经济与教育变迁关系的研究。有学者关注了经济发展和转型对教育归宿变迁的影响，指出教育从第一部门分离出来是社会转型的必然结果，第三部门才是教育发展的最终归宿，侧重于社会文化与教育变迁关系的研究。有学者坚持"教育是一种文化存在，学校是一个文化实体的立场下，用社会学相关理论分析了在教育和学校教育变迁中所存在的文化矛盾及产生矛盾的原因，并从文化角度阐发了自己对教育及学校教育变迁的期望"③。还有学者关注了文化变迁对教育目的、教育内容和教育制度变迁的影响。④ 迈克·富兰指出，教育变革一般是由政治、社会和经济因素推动的，而教育研究倾向于由获取对教育现象的知识和理解所激发，因而在决策者的文化（行动指向的）和研究者的文化（知识指向的）之间存在着根本的差异。⑤ 这种现象也突出地表现为学校变革理论研究的结论无法应用到现实的学校变革实践中。

2. 制度视野中的教育变迁

制度主义理论在 20 世纪后半叶的兴起，为人们理解周围世界的变化提

---

① 吴康宁：《中国教育改革为什么这么难》，《华东师范大学学报（教育科学版）》2010 年第 4 期。
② 孙翠香：《学校变革中的利益冲突表现成因及其化解》，《教育发展研究》2012 年第 4 期。
③ 樊浩：《现代教育的文化矛盾》，《北京师范大学学报（社会科学版）》2005 年第 4 期。
④ 李健：《论文化变迁与教育》，《兰州教育学院学报（社会科学版）》1996 年第 1 期。
⑤ 赵中建：《全球教育发展的研究热点：90 年代以来联合国教科文组织的报告》，教育科学出版社 1999 年版，第 221 页。

供了全新的角度，也因为其强大的解释力成为社会科学研究中具有统治力的理论。制度主义的观点认为，"制度变迁决定了社会演进的方式。因此，它是理解历史变迁的关键"①，"教育观念的转变是长期的，而且会有反复。一些正确的教育观念之所以收效不大，一个重要原因是缺乏制度保证，存在制度缺陷。虽然制度是在观念指导下建立的，但一旦建立，制度比观念更有力量"②。约翰·E. 丘伯和泰力·M. 默通过大量研究指出，国民教育的问题最终还是应归结到制度。③ 无论何种国家何种制度，教育的发展都离不开恰当合理的教育制度的变革。现存的制度是所有教育变革的前提和根本，如果现存的制度不发生改变，再多的变革也仅仅是些细枝末节的调整，谈不上对现实教育有创新和再生的意义。"只有恰当的教育制度，才能使教育改革开创出新的教育局面"④。以上这些研究都说明制度在教育发展中制度的重要性。社会转型是教育转型中至关重要的环境，社会制度转型是教育转型的制度环境。"没有社会转型就不可能有教育转型，但并不意味着一旦社会转型了教育就必然会自动转型。在社会结构转型的过程中，教育能否实现相应的转型主要还取决于教育系统内部的组织变革与制度创新。"⑤

涂尔干曾经把视野放置在长达十几个世纪的教育变革进程中分析制度演进，他结合了观念史与社会史的观察角度，以具体的现代意义上的学校组织与制度的诞生演变过程为中心，考察了教育观念和制度的演变。涂尔干在《教育思想的演进》中采取以小见大的手法，从组织制度的视角对标志性和有历史意义的个案进行解剖，以此来反映教育思想的演进。这些个

① ［美］道格拉斯·C.诺斯：《制度、制度变迁与经济绩效》，刘守英译，上海三联书店1994年版，第5页。
② 褚宏启：《中国教育管理评论》第2卷，教育科学出版社2004年版，第115页。
③ ［美］约翰·丘伯：《政治、市场与学校》，蒋衡译，教育科学出版社2003年版，第25页。
④ 朱小蔓：《基础教育阶段现代学校制度的理论与实验研究》，教育科学出版社2008年版，第87页。
⑤ 王建华：《论制度变迁与教育转型》，《教育导刊》2011年第1期。

案从大学的诞生到学校组织结构的变化，再到学术制度的出现，课程体系的发展，甚至是学校内部的奖惩和纪律制度等，通过细致入微的分析在不经意间为我们展示了教育发展的全景画面。[①] 涂尔干将教育组织与制度的演变嵌入具体的历史观念和社会结构体系之中，突出了环境尤其是制度环境。在涂尔干看来，教育组织与制度从来不是一个封闭的、自足的系统，而是始终面对着外在环境，需要与其不断进行能量与信息的交换和角力，正是在这个过程中，组织的内在结构和制度安排就会因适应环境的需要而做出调整。也许制度经济学相对关注的是技术环境，而组织社会学的制度学派则注重制度环境。制度化的环境很多时候被人们以神话（Myths）对待，组织也被认为是理所当然的内化于现实结构中，这使得组织获得了社会的合法性。当然，这样的视角与涂尔干是非常相近的：那就是组织与制度是嵌入在具体的历史与社会结构之中。[②]

理解制度和制度变迁是理解教育发展和教育变迁的重要起点，制度理论特别是新制度理论给予这种理解以更多的启示。新制度主义理论在教育组织研究中的应用主要表现在八个方面：（1）教育组织特性分析；（2）制度环境对于教育组织结构的影响分析；（3）教育制度传播研究；（4）教育制度演变分析；（5）教育与社会关系研究；（6）比较教育制度研究；（7）私立高等教育研究；（8）教育制度变革研究。[③]"就新制度理论对教育研究的贡献而言，其最根本的是提醒我们关注制度环境，其次是关注教育组织

---

[①] 也有观点认为可以从组织社会学和制度经济学的角度来解读涂尔干的思想。然而，涂尔干的研究实际上在包含这些特定视角的同时又区别于他们，这也包括斯科特（Scott）类型学中的"开放自然—系统"的模式。见 W. Richard Scott, *Organizations: Carnational, Natural, Openhandedness,* New Jersey: Prentice Hall Internalization, 1998.

[②] J. W. Trobriand Meyer, "Institutionalized Organizations: Formalist – cure as Myth and Ceremony", *The American Journal of Sociology,* Vol. 83, No. 2.

[③] 阎凤桥：《大学组织与治理》，同心出版社 2006 年版，第 75 页。

现象的历史过程，再次还提醒我们关注教育组织现象中的认知因素。"① 制度主义者想要了解选用一种制度形式而排斥其他可能的利弊得失。他们想要知道"一个社会与其政策制定者可能拥有的备选方案，一项特定的安排对哪些社会群体有利或有害，谁的利益可能会与给定的制度形式和实践发生关系。通过制度分析，我们了解到：教育是如何与社会的其他关键制度连接的；我们社会生活中的这个重要部分是在什么样的限制下运作的；如果我们尝试改变现有的制度秩序，将会有怎样的自由和遇到什么样的限制。"② 这些都是我们理解教育变革的重要路径和方法。

教育研究中较为系统全面关注制度问题的成果有《教育制度的生成与变革——新制度教育学论纲》《教育制度和教育组织的经济学分析》《教育的新制度主义分析：一种教育社会学理论和实践》《高等教育制度创新的经济学分析》《学校管理的经济分析》《中国经济转型中高等教育资源配置的制度创新》等著作。这些研究和著作有着共同之处，即都建立在新制度经济学分析方法的基础上。有的提出了教育制度内生性的概念，认为教育制度是理性选择的结果，教育制度是十分重要的教育资源。③ 其中曹淑江较为全面地对教育领域中存在的制度、组织、服务、逻辑以及制度中的角色进行了全面的论述。康宁在其研究中指出我国诱发制度创新的轨迹以及转型期高等教育资源配置制度变迁的基本特征。④ 罗燕提出教育研究中可依循的制度理论路径，认为新制度主义分析不仅拓展和深化了制度的概念，而且通过对旧制度主义分析的规范—制度体系的完善，形成了规范—组织

① 陈学军：《新制度主义组织社会学视野下的教育组织研究》，《比较教育研究》2008 年第 7 期。
② ［美］海因兹－迪特·迈尔、布莱恩·罗万：《教育中的新制度主义》，郑砚秋译，《北京大学教育评论》2007 年第 1 期。
③ 康永久：《教育制度的生成与变革——新制度教育学论纲》，教育科学出版社 2003 年版，第 5－78 页。
④ 康宁：《中国经济转型中高等教育资源配置的制度创新》，教育科学出版社 2005 年版，第 1－115 页。

一制度这一新的分析体系。① 还有研究把目光聚焦在某个学校内部制度变革的案例上，如2003年北大的人事制度改革，作者沿着新制度主义理论的方法轨迹，从规则、规范和文化认知三个基本要素出发，对中国大学内部制度变迁进行了分析。② 史静寰和郭歆采用新制度主义的微观分析模式，把政府、市场和学校三者置于高等学校某项制度的生成过程之中，对这三者的角色和作用分别进行了定位，并由此对高等学校中一般制度的生成和变迁规律进行了总结，特别指出了高等学校内部制度变迁的一般机制。③ 曾晓东把制度分析的方法运用到了中小学教师管理的实践中，建议用制度激励的方式提升管理效果。还有《社会学的制度与教育制度研究初探》一文，从制度理论视角回顾和评述了国内外有关教育制度的研究。④ 制度主义对教育制度变迁的分析除了回答"是什么"，更为重要的是回答"为什么"的问题。这方面的研究成果，有崔玉平的《高等教育制度创新的经济学分析》、田正平、李江源的《教育制度变迁与中国教育现代化进程》、周金玲的《基础教育制度变迁的经济学分析》、李同明的《制度变迁是中国高等教育发展的重要源泉》、贺武华的《教育制度变迁与我国高等教育发展——新制度经济学视角》、马健生的《试论教育改革中的制度变迁》，等等。

## （二）学校变革

### 1. 学校变革的理论与理念

方法论于学校变革而言，是无时无处不在的，甚至决定着变革的成败。

---

① 罗燕：《教育的新制度主义分析：一种教育社会学理论和实践》，《清华大学教育研究》2003年第6期。
② 罗燕、叶赋桂：《2003年北大人事制度改革：新制度主义社会学分析》，《教育学报》2005年第6期。
③ 史静寰、郭歆：《院校与研究生教育的制度创新：工程硕士专业学位的生成及制度化过程研究》，《教育研究》2005年第6期。
④ 郭建如、马林霞：《社会学的制度与教育制度研究初探》，《比较教育研究》2005年第4期。

在学校变革的实践与理论中，都或隐或现地存在着影响策略选择、计划制定、方法运用等的方法论问题。美国虽然在 20 世纪初取得了社会经济、文化等方面丰硕的发展成果，却同样面临着空前未有的社会危机和文化失调。恰恰是这场社会的危机与文化失调促进了教育变革方法论的转型，进步主义运动由此发生。并且，从它产生开始就极大地推动了美国教育特别是学校教育的变革。① 新学校和新教育运动揭开了现代社会学校变革与发展的序幕。几乎与此同时，美国也兴起了"进步学校""进步教育运动"。杜威敏锐地觉察到了当时美国社会转型中的学校变革问题，写出了《学校与社会》《民主主义与教育》等著名篇章，成为指导进步教育运动的重要理论，并对当今的学校改革具有深远的影响。②

教育家波尔·达林在《理论与战略：国际视野中的学校发展》中从宏观理念的层面介绍了几种学校变革与发展的策略，并认为在学校改进中要更多地关注、理解文化变量。钦和贝恩认为，划分组织变革的策略应当建立在不同的人性观点基础上。他们从变革的力量和组织角度来划分学校组织变革中的三种传统组织变革基本策略，即权力强制策略、理性经验策略、标准再教育策略。③ 美国学者吉纳·E.霍尔、雪莱·M.霍德则重视变革中的个体。他们认为人们已经对学校的结构、策略和其他一些能够改变的学校特征进行了关注，但对其中最为重要的因素——人，却极少留意。④ 迈克·富兰采取了复杂的眼光来认识学校变革及其相关问题，这种眼光蕴含着复杂学科背景下的理论关照。他以一种直面复杂的姿态和一种理解的解释的视角认识学校自身的性质和学校在特定历史条件下发生的变化以及存在的问题，分析了学校变革在自发状态和在有预谋的状态下都会发生，这

---

① 杨小微：《学校变革的方法论研究》，博士学位论文，华东师范大学 2002 年，第 19 页。
② 王星霞：《学校变革发展研究》，博士学位论文，西北师范大学 2007 年，第 34 页。
③ ［挪］波尔·达林：《理论与战略：国际视野中的学校发展》，范国睿译，教育科学出版社 2002 年版，第 104－118 页。
④ ［美］吉纳·E.霍尔等：《实施变革：棋式、原则和困境》，吴晓玲译，浙江教育出版社 2004 年版，第 65 页。

是他建构学校变革理论的前提。这与之前研究者提出教育变革分类中有计划的和自然的划分方式非常一致。波尔·达林则明确提出要把学校和教育过程当作复杂的社会系统的一部分，认识和考虑到这个系统各个不同部分之间复杂的相互作用，需要逐步把握教育系统的动力，有时甚至还要把握这个系统的对抗性行为，来建立健全有效的改革策略。霍尔和霍德也强调用系统思维审视学校变革的发生和发展，"与教育变革过程具有交互作用并对其产生影响的因素的数量和力度，过于纷繁复杂，以至于很难以任何近似于确定的方式准确表达"。① 因此，在实际的学校变革操作和理论的学校变革推理中，我们不能仓促地做出简单的判断。政府规划与政策、制度与规定、参与者参与变革的能力等某种特定的因素都可能是学校变革的困难或失败归因，也不能简单地依据某种因素的存在就断然推定必然能够实现某种理想的变革目标。复杂性理论的一个核心观点是，"真实的学校变革过程是一个通过错综复杂的非线性反馈网络作用而自然生成的发展过程。所有的组织都处在一个以非线性的反馈环节与其他的人和组织（环境）相互联系的网络之中"②。

从 20 世纪 80 年代开始，改革越来越成为时代的主题，教育理论和实践研究也把目光聚焦于中国教育的改革策略上。这个时期的教育改革与其他领域的改革一样，侧重宏观体制和机制的改革，包括教育政策和教育法制的建设。此后的一段时期又将目标转移到了课程和课堂中的改革，却将学校层面的组织和制度变革冷落一旁。这样两头热中间冷的状况让教育改革的效果一直无法令人满意，开始有学者反思这样的情况。这部分学者认为，我国基础教育改革的重点已经从外部体制改革转向学校发展，通过学

① ［美］迈克·富兰：《教育变革的新意义》，武云斐译，华东师范大学出版社 2010 年版，第 49 页。
② ［美］迈克·富兰：《变革的力量（续集）》，加拿大多伦多国际学院译，教育科学出版社 2004 年版，第 9 页。

校管理改革推动学校发展是当前基础教育改革的主要目标。① 教育管理的理论研究开始自觉地呼吁学校改革必须在关注课程和教学活动的同时关注学校的组织结构、制度建设和管理效果。② 还有的学者认为，学校是一种组织性存在，有其独特的组织特性，教育是学校组织的活动或功能，二者存在着显著差异。③ 一个组织形成和维持为一个不可简单化归为其组成部分的加总和拼装，因为它具有整体特有的约束和凸显的性质，并包含着整体的突现性质对组成部分的反馈作用。④ 中观层面的学校组织变革研究必须要突破课程、教学、班级、校园文化等研究的机械组合模式，在吸收以上各个微观研究领域成果的基础上实现整体的范式形成与转换。学校变革要成为一个成熟自觉的学术研究和实践操作领域，就要形成独特的问题域，形成独特的问题意识、方法和话语体系。学校变革理论的成熟和完善也将使教育改革理论趋于完善，能够补充教育研究和实践中的空白，为教育改革效果的提升创造了空间。

在学校变革理论和理念的研究中，有的强调变革的严密和严谨，强调科学的态度，有的强调关怀和人文价值，强调人性化。无论何种观点都似乎简化了学校变革实践的丰富性、生动性和独特性，特别是当研究真正走进变革中时，我们会发现现实更加复杂。因此，要描述和解释学校变革需要一种立体化的视角，一种复杂的、动态的、多元的视角。为此，透析学校变革的复杂性，就可能成为这一新使命的首要环节。⑤ 而另外的一部分人对于学校变革的思考要化繁为简。李佳敏、范国睿就认为，为了迎接复杂性的挑战，变革者需要有一种新的研究视角、新的思维路径。即通过自

① 教育部人事司编：《管理创新与学校发展》，陕西师范大学出版社 2004 年版，第 19 页。
② 毛亚庆：《应注重以学校为主体的校本管理》，《教育研究》2002 年第 4 期。
③ 刘朋：《关注发展型组织：学校改革的新主题》，《教育理论与实践》2004 年第 8 期。
④ ［法］莫兰：《复杂思想：自觉的科学》，陈一壮译，北京大学出版社 2001 年版，第 12 页。
⑤ 李家成：《透析学校变革的复杂性》，《教育理论与实践》2006 年第 6 期。

身思维方式的转换，既要对学校的整体性变革进行复杂思维，同时又不能"沉浸"于复杂之中，还需思考变革之策，尽量化"复杂"为"简约"。① 有研究者借鉴社会资本理论，认为学校变革中的结构主义、冲突主义、文化的以及市场的观点，在新的历史条件下存在着种种不足，社会资本理论能够修正或补充学校变革一般理论自身的局限与不足。② 有研究者十分重视学校作为组织受制于制度逻辑的约束，由于学校并非是一个一成不变的机构，它往往会在某些情况下努力冲破制度逻辑的约束。但是制度的惯性和本身逻辑的稳定让这种突破常常无功而返。③ 新公共管理理论的产生也为学校变革带来了新鲜的气息，新公共管理思潮对学校变革引入市场机制、实施教育分权、实行绩效管理、强化顾客导向策略具有重要意义。这些新的解释范式为学校变革提供了新的视角和分析方法。④

然而，我们必须看到的是，学校变革的研究在中国教育学整体的理论研究中还是比较浮躁，缺少真正埋下身子又能眼光高远的研究。也许美国学校管理和组织行为学领域的专家罗伯特·G.欧文斯对美国20世纪80年代以来变革失败的原因的总结可以给我们提供一些借鉴和启示。他认为美国20世纪80年代以来学校变革失败的原因在于我们处于一个能够做事并急于做事的社会，对一个问题的回答就是一个一贯方案。若是这个方案行不通，那就换一个新的方案。若是一系列的方案都行不通，就干脆对这个问题产生厌倦感，接着就转向其他的新问题了。⑤

2. 学校变革的路径与范式

研究学校变革的具体路径和方法的角度很多，主要集中在策略研究、

① 李佳敏、范国睿：《从复杂到简约：学校变革路径探索》，《教育发展研究》2009年第2期。

② 盛冰：《学校变革的一般理论及其反思——社会资本的视角》，《教育学报》2007年第4期。

③ 柯政：《学校变革困难的新制度主义解释》，《北京大学教育评论》2007年第1期。

④ 柏成华：《新公共管理视野下的学校变革》，《教育理论与实践》2008年第10期。

⑤ ［美］罗伯特·G.欧文斯：《教育组织行为学》，窦卫霖等译，华东师范大学出版社2001年版，第25页。

组织、制度、文化等领域。学校变革的目标是什么？实现学校变革所依赖的路径、策略和方法有哪些？是否存在着必然的一致的规律支配着学校的变革？这些都是摆在教育理论研究者和实践者面前的重大问题。特别是理论研究者结合对社会转型的时代背景分析，针对学校变革的路径和策略问题对已有的各类经验与问题进行了梳理，提出关于学校变革走向的看法。有研究者从学校变革运行机制中寻求出路，并以新基础教育探索中的"治校机制""实施机制""发展机制"和"动力机制"作为学校变革的基本策略及发展路径。① 在思考学校变革路径的时候，有研究者指出撇开政府和第三部门而完全依靠市场是不够的，市场自身有着很多缺陷，提升学校的社会资本应该是约束和规制市场魔力的一种平衡，也是当今学校变革的"第三条道路"。② 类似的观点还认为可以从学校与政府关系的重新定位、学校内部治理结构的改革以及学校与社会、家庭关系的重建三个层面入手，以构建学习型学校作为学校变革的基本策略。③ 在具体策略上，很多研究重视参与合作式的方式。因为学校变革的环境复杂多变，问题丛生，单靠某一方的力量很难对所有的问题认识清楚，合作型学校的构建可以说解决这些问题提供了一种路径。④ 而家长参与学校变革的内在需要，也是教育管理民主化的必然要求。家长是学校变革最可依靠的力量之一，也是学校变革的利益相关者，家长的参与能为学校变革提供动力、精神、智力方面的支持。⑤ 在学校变革理论研究与探索中，迈克·富兰是最具代表性的人物，他高屋建瓴地指出了教育变革的新意义，更提出了很多具体的研究结

① 杨小微：《当代学校变革中运行机制的探寻》，《教育研究与实验》2008 年第 2 期。
② 盛冰：《社会资本、市场力量与学校变革》，《北京师范大学学报（社会科学版）》2005 年第 1 期。
③ 杨天平、陈光祥：《学校变革：现代学习型学校制度建设研究》，《学术研究》2006 年第 5 期。
④ 刘国艳：《学校变革中的若干问题与合作型学校的构建》，《广西师范大学学报（哲学社会科学版）》2006 年第 2 期。
⑤ 李先军：《家长参与：学校变革的应然选择》，《南通大学学报（教育科学版）》2008 年第 1 期。

论，例如他在分析学校变革的影响因素是，把利益主体划分为教师、校长、学生、家长和社区、学区管理者、政府等六类。迈克·富兰还将他的工作聚焦于变革动机、关系和人们的主动参与变革的努力。富兰的研究非常实在，他的每个概念都建立在大量的研究和丰富的经验之上；每个概念都是如此清晰，为大众所接受；每个概念都是从其本人作为改革促进者的实践中得来的，而这些实践涉及国家、州和学区三个层面。

叶澜教授在她的新基础教育改革研究中较为系统地提出了学校组织变革的问题，提出了学校变革转型问题的三个思考维度，即学校的基本形态、内在机制和实践过程。她还在研究中勾勒出了现代型学校的五大特质：价值提升、重心下移、结构开放、过程互动、动力内化；[①] 范国睿、张兆芹、李春玲等学者从学习型组织理论出发，提出了学校组织变革应走向学习型学校的设想；[②] 刘朋从学校组织的开放性、创造性和适应性三方面提出，学校改革的新主题是建设发展型学校组织，核心是学校自主定位、自主资源调配、自我约束机制建立，使学校成为自主发展的学校。[③] 刘永林提出学校管理创新的基本方向是构建开放的学校组织系统。[④] 林丹则把基础教育改革中逐渐形成的能够实现利益表达和整合的有效主体划分为理论研究者、改革决策者和基层实践者三类，揭示了"继续深入"的希望及其风险，如创造共享的意义、文化重建、三位一体的改革、扩大变革范围，等等。学校组织变革是一个独特的层面，是对微观领域的统筹，也是与更大的外界系统交互作用的界面，是教育改革由外部向内部、由宏观向学校、由创造条件向改造实践转换的关键层面，是教育改革走向升华和成熟的重

---

① 叶澜：《实现转型：世纪初中国学校变革的走向》，《探索与争鸣》2002 年第 7 期。
② 范国睿：《走向学习型组织的现代学校》，《教学与管理》2001 年第 1 期。
③ 刘朋：《关注发展型组织：学校改革的新主题》，《教育理论与实践》2004 年第 8 期。
④ 刘永林：《学校管理创新的基本策略——构建开放的学校组织系统》，《现代教育论丛》2002 年第 1 期。

要部分。① 如周金碧的《未来学校模式的探索》，崔相录的《中小学多样化、特色化趋势》、杨小微的《全球化进程中的学校变革——一种方法论视角》等。

多位学者站在不同的学科视角研究了学校组织变革问题。李书磊通过对文化变迁中乡村学校的人类学考察，得出了它们是"村落中的国家"的结论；② 徐书业从文化学、生态学角度对学校文化生态进行研究，提出了转型期学校变革需要凝结、生命、创造、审美的学校文化精神；③ 马健生从经济学的利益冲突和公共选择的分析角度提供了学校组织变革的启示；④ 杜育红是从制度经济学角度探究教育组织及其变革低效的根源；⑤ 王有升则从社会学视角思考基础教育学校变革问题，主要探讨学校教育的现实存在与发展变革的内在机制是什么，新的教育理念在变革过程中发挥怎样的作用，又是如何发挥作用的，改革是如何具体进行的，等等；⑥ 季萍用比较研究的眼光，通过研究美国公立学校的发展来看待中国学校组织变革。⑦

如前所述，富兰把学校变革的利益相关者确定为影响因素，并提出了利益相关者的六分法。叶澜教授也从政府、社会和教育内部三个层面对变革中的利益主体进行了划分，同时在每个层面还可以划分为不同层级的利

---

① 李春玲：《我国学校组织变革研究的现状及展望》，《华东师范大学学报（教育科学版）》2006 年第 3 期。
② 李书磊：《村落中的国家：文化变迁中的乡村学校》，浙江人民出版社 1999 年版，第 25 页。
③ 徐书业：《变革的趋向：转型期的学校文化生态研究》，硕士学位论文，西南师范大学 2003 年，第 16 页。
④ 马健生：《教育改革动力研究》，博士学位论文，北京师范大学 1998 年，第 10 – 18 页。
⑤ 杜育红：《论教育组织及其变革低效的制度根源》，《北京师范大学学报（人文社会科学版）》2002 年第 1 期。
⑥ 王有升：《理念的力量：基础教育学校改革的社会学研究》，博士后报告，华东师范大学 2004 年，第 66 页。
⑦ 季萍：《美国公立学校的发展研究》，高等教育出版社 2002 年版，第 43 页。

益主体;① 这些关于学校变革中利益主体各式各样的区分与界定，从一个侧面证明了学校变革中利益主体类型的复杂性，也说明着学校变革的复杂性。不同的利益主体有着不同的利益诉求，伴随这些利益诉求而来的必然是多元利益主体对学校多元化的需要和期望。正如古得莱得所说："我们对学校的期望是理想化的、庞大的，综合了不同的人对学校教育的各种需要，这是所有学校都面临的问题之一。"② 因此，仅仅基于某个利益主体或者某种单一利益诉求的立场来考察学校变革的实际，除了不能认识学校变革的全貌之外，也无法获得正确合理的变革策略。学校日益成为社会和社区的一个核心，学校变革因此也必然关涉政府部门、学校所在的社区、家庭、经济组织、非政府组织等等外部因素，更加涉及学校内部不同文化观念之间、不同群体之间、不同机构部门之间、不同规章制度之间等交叉复杂的关系。如今许多学校变革理论，都是基于传统的系统科学对组织的认识，把学校视为一种完全平衡的系统进行静态分析，时间和其他外在因素仅仅作为"悬置"的因素被排除在对这种具体实践的认识之外，"因而学校变革过程在理论分析的逻辑中总是显得目标明确、清晰有序而且显得成功在握"③。"自由的基础，未来的保证，富裕和权力的根源，安全的堡垒，明亮耀眼的灯塔，智慧启迪的源泉的学校不再，而每隔一段时间唾弃而不是赞扬学校已经成为更为时尚的做法了，并且以往的抨击已经形成一片批评的讨伐声。"④ "学校的任何变革都不再主要是靠历史地推动及学校自发的诱致性变迁，而是靠政府的强权，不管如何怀疑政府如何把学校扭歪了，但是政府主宰学校目标变革已是习以为常、根深蒂固，并且被大众所默

① 叶澜：《当代中国教育变革的主体及其相互关系》，《教育研究》2006 年第 7 期。
② ［美］约翰·I.古得莱得：《一个称作学校的地方》，苏智欣等译，华东师范大学出版社 2007 年版，第 19 页。
③ 杨颖东：《学校变革的复杂性探析：复杂科学的视角》，《教育发展研究》2012 年第 4 期。
④ ［美］约翰·I.古得莱得：《一个称作学校的地方》，苏智欣等译，华东师范大学出版社 2007 年版，第 2 页。

认。"① 现代化启动中，首先遇到的常常是制度层面上的障碍，这只有靠政治权力直接介入才可能较快地排除或较快地加以适当的调整，政府凭借其庞大的政权机器，可以做个人做不到的许多事情。② 郑新蓉曾经归纳了中国现代学校的生成特征："快速照搬的半殖民地特征""外侮逼成的动力特征""抗拒和批评的形态特征"。③ 很多理论并不以现实中的学校为依据或物质基点，只是根据某个理论出发点来推理论断，而不考虑它们在学校中实现的可能性，因而学校一词成了某些教育理论中可有可无的虚概念，缺乏任何实质性物质性内涵。④

### （三）历史视域内的教育变迁与学校变革

对于历史学和社会学画地为牢式的学科分工，吉登斯曾提出严肃地批评："社会学家乐于把时间上的演进留给历史学家来研究，而作为交易的另一方，一些历史学家也准备把社会体系的结构特征交给社会学家。"⑤ 因此，打破学科壁垒，寻求视角和方法的互通，就成为学科发展乃至学科生命力提升的基本路径。因此，用历史的视野来关注学校变迁是近年来教育研究兴起的一股新浪潮。其实早在费孝通时代，教育和学校的历史研究就已经开始有所起步。费孝通的关于历史、文化和人类学的关系中把历史定义为不同时间里前后发生的客观存在事情，客观存在事情发生在过去、现在、后来这个三维直线的时间序列里。⑥ 关注事件序列里面的事实能够帮助我们理解教育发展的现实与未来。历史人类学和新史学方法的起兴对教育变迁与学校变革研究有着很大的促进作用，可以说为这类研究开辟了全新的领域。它仅仅是不同于传统史学的一种史学趋势，一种研究和写作历

---

① ［美］西蒙：《管理行为》，詹正茂译，经济学院出版社1991年版，第70页。
② 罗荣渠：《现代化新论》，北京大学出版社1993年版，第18页。
③ 郑新蓉：《现代教育改革的理性批判》，人民教育出版社2003年版，第184页。
④ 杨颖东：《场域：解读学校变革的一种社会学视角》，《教育学术月刊》2013年第2期。
⑤ A. Giddens, *Central Problems in Social Theory*, London: Macmillan, 1979, p. 8.
⑥ 费孝通：《论人类学与文化自觉》，华夏出版社2004年版，第57页。

史的方式。具体而言，尽管在反对传统史学的政治事件史、英雄传记和叙事史这"三大偶像"上，新史学诸流派具有一定的共识，但在新史学内部如法国的年鉴学派、英国的新社会史、德国的新社会批判史及美国的新政治史和新社会史等之间存在着研究视角上的明显差异。由于此类研究涉及的范围非常广泛，又加上其认识论的前提的差异，缺少统一的标准将之确切归入哪一个理论体系。但正是多样性和历史性构成了其特征。这种倾向所表达的信念是，人类学出于根本性原因不能为教育学行动提供规范性基础。而伴随这一观点出现的还有一种质疑，即对所有"基础性"人类学的质疑，以及对人类形象"整体化"的质疑。"我们把'多样性'与'历史性'联系起来，把历史的历时性引入多样的共时性，就这样，我们在历史与人文科学之间建立起紧密关联。在我们看来，这将会为教育人类学知识带来新的复杂形式。"[1]

因此，近十余年以来，结合教育学、人类学、历史学和社会学多学科的理论与方法关注教育和学校命运的研究迅速得以涌现出来。罗志田[2]认为清末民初时期，传统的中断与传承并存、断裂与延续交织。注重继往开来的历史眼光并非只存在于不特别激进的士人心中，就是那些被认为非常趋新的知识分子也分享着类似的观念。这些曲折微妙的现象提示出与即存认知不甚相同的 20 世纪早期的中国，且早年的关怀和思考已延续下来，几乎贯穿整个 20 世纪中国文化、知识和教育转型的全程。桑兵[3]将笔墨聚焦于晚清学堂的学生群体，通过对青年学生心境情绪、向往思索以及言论的描述，解释民众在社会剧变时期的创造性。在罗志田和桑兵之后，王东杰的博士论文开辟了以学校为单位、以历史进程为线索、注重小历史的专门研究，尽管从传统看来它的研究属于历史学的范畴，但是其研究方法和思

---

[1] Wulf, Ch. (Hrsg.), *Einführung in die pädagogische Anthropologie*, Weinheim, 1994.

[2] 罗志田：《裂变中的传承：20 世纪前期的中国文化与学术》，中华书局 2009 年版，第 15 页。

[3] 桑兵：《晚清学堂学生与社会变迁》，广西师范大学出版社 2007 年版，第 3 页。

路给教育研究中的学校研究提供了很好的典范。罗志田和王东杰的研究是从专门史的角度来观察宏观历史背景下的教育发展和学校变革。王铭铭和曹诗弟的研究则从社会学和文化学的角度提出了很多观点和理念。如社会学视角论证了现代性构建过程中民间社会力量及文化与超地方政权构成的互动关系。这种社会学的视角给予了学校研究很多启发,后来者竞相模仿。① 曹诗弟②对 20 世纪山东省邹平乡村学校的研究是县域视野中的中国教育体制改革,明确了教育体制改革在中国乡村近现代化中的角色,肯定了教育在近现代化过程中的作用以及它是如何被乡村社会所认识的。教育人类学的研究也涉及学校变革以及学校变革与社会的关系问题,如司洪昌③采用历史人类学的田野调查方法,通过大量的个人口述史研究,在村落教育转型和个人生活变化中为我们呈现了华北一个村庄的教育变迁历程,是村落教育变迁研究的一部成功之作。与之相类似的是张济洲④运用人类学田野调查与历史文献分析相结合的方法深度描述了山东汶上县 20 世纪以来伴随着国家权力逐步深入乡村社会的历程以及现代学校与乡土文化冲突的生动场面,并从社会学视角分析了当地教育中存在的城乡差异问题。华东师范大学教育研究领域中还有一批研究关注了此类题材的著作,这些研究成果的不断涌现引起了学者对近现代乡村教育和学校变革研究方法论的反思,田正平、叶哲铭在分析了近百年来人类学社区研究的相关成果之后,认为近代乡村教育的实况可以借鉴人类学"他者的眼光"来理解,并采用

① 王铭铭:《教育空间的现代性与民间观念:闽台三村初等教育的历史轨迹》,《社会学研究》1999 年第 6 期。
② [丹麦] 曹诗弟:《文化县——从山东邹平的乡村学校看二十世纪的中国》,山东大学出版社 2005 年版,第 45 页。
③ 司洪昌:《嵌入村庄的学校——仁村教育的的历史人类学探究》,教育科学出版社 2009 年版,第 125 页。
④ 张济洲:《文化视野下的村落、学校与国家——一个地方社区基础教育变迁的历史人类学考察》,教育科学出版社 2011 年版,第 14 页。

社区研究法来揭示乡村教育与乡村民众生活之间的关系。[1] 还有郑起东[2]、容中逵分别考察了近代以来华北和湖南省乡村教育变迁的轨迹，认为主要是经济原因和观念原因导致了教育的落后。容中逵[3]在对颐村（湖南省道县雷洞村）自有清以来乡村学校教学进行历史人类学考察的基础上，按环境、教师、教学、学生四个要素，分"有清一代""民国时期""新中国成立三十年""改革开放后"四个阶段，集中探讨百年中国乡村学校教学变迁的历史轨迹。

以上便是对围绕学校变革相关研究的爬梳。这些研究中有的理论基础雄厚，析理、推演严密；有的观点新颖独特，广泛借取，旁征博引；有的方法熟练，资料翔实，逻辑清晰。还有一些研究深入扎根，做了很多田野和文献的调查，对学校变革进行了诸多研究。这些研究的问题意识、切入角度、方法选择、研究过程和最终结论都为本书提供了很多值得借鉴的地方，本书力求区别于已经出现过的此类研究，最大程度的融合与借鉴，并在个案选择、资料收集、理论解释等方面做出本书独有的特点。

## 三、思路、方法与内容

### （一）研究思路

本书选择重庆市江津聚奎学校作为研究对象，综合运用历史人类学研究方法中的文献研究与田野调查方法，广泛收集地方史志和教育史料，对相关人员进行深入访谈，走访学校所在社区，力图在学校变革的视野中呈现聚奎学校诞生以来伴随着近现代化时代潮流的起落变迁，描绘一所现代

---

① 田正平、叶哲铭：《微观视野下的中国近代乡村教育——相关人类学著作的若干启发》，《湖南师范大学（教育科学版）》2008 年第 6 期。

② 郑起东：《近代华北乡村教育的变迁》，《光明日报》2003 年 8 月 19 日。

③ 容中逵：《百年中国乡村学校教学变迁的历史轨迹——基于颐村学校教育变迁的历史人类学考察》，《华东师范大学学报（教育科学版）》2013 年第 5 期。

学校发展在中国社会变迁中的全景，解释学校变迁背后的因素和逻辑，探索学校未来变革发展的路向。

### （二）研究方法

1. 文献研究

文献研究的前阶段注重资料的收集整理。本书的文献将广泛搜集研究相关的政府文件、法令汇编、地方史志、文集、档案等，如民国时期的第一次和第二次《教育统计年鉴》《四川省志》《四川省各县市国民教育实施概况》《民国江津县志》（一二三卷）《江津乡土志》《近代书院制度变迁考》《白沙镇志》，等等。除了这些资料，本书还将注意搜集不同历史时期中与聚奎学校沿革相关的期刊、报纸、报告、日记、信札、图片等多种载体的文献资料，力求在资料准备上能够尽可能全而无缺，在研究过和结论上也多做相互对照，增强研究的可信性。历史人类学的研究格外看重这些围绕档案记录和文本撰写为核心的系列写文化（Writing Culture）行为，以及围绕档案保存、文本流传和使用的场景性信息。它们跟档案和文本所承载之信息具有同等重要的学术地位，乃至更高，因为人类学研究能够从档案和文本制作、使用的过程中更好地洞察某种文化的运作和历史的真相，重视档案与文本被制作过程和流传使用等系列行为以及场景背后的意义。[1]

2. 田野调查

没有书面材料，也可以而且应该通过其他方面来再现历史。人所有的、为人服务的、标志人存在、活动和生活方式的东西，都可以利用。[2] 作为一项历史人类学的研究，本书将更多倚重于白沙镇和聚奎学校留存的学校史料和史迹，倚重于"聚奎人"的口述资料。在资料中，研究者将与聚奎学校变革的人物和事件"相遇"，并与之"对话"，而由作者文字转述出来

---

[1] 杜靖：《历史人类学视野中的档案与文本》，《青海民族研究》2010 年第 4 期。

[2] 徐杰：《走向华北民间社会——一个在民众中发现历史的重要方法》，江沛主编：《近代华北区域社会史研究》，天津古籍出版社 2005 年版。

的这些"相遇"和"对话"将使得研究新鲜且生动。在前期的调研中，找到了聚奎中学著名校友吴芳吉的部分笔记、已故校长罗昌一的珍贵影像资料、教师古万全和诸世昌的手书回忆录等等，这些资料翔实、客观、准确，都是当事人亲历的聚奎大事，这将为本书的研究提供宝贵的支持。

然而，由于本书关注的是一所学校的"小历史"，所含涉的材料范围比较局限，这一方面有利于对已有资料进行深挖，便于对学校进行全方位和深入的了解；另一方面，由于历史久远，中间又经兵火和政治动荡的颠簸，很多资料流失，或者散落于民间，极难搜集。同时，许多聚奎学校的名师校友有的已驾鹤西去，有的分布在全国乃至国外各地，一时很难与之进行联系和访谈。这些都为资料的收集带来了困难。本书通过面谈、电话和邮件等形式对这些人进行访谈，以期获得更多研究的一手资料。即便如此，笔者在研究中还是碰到了历史人类学在研究学校变革问题上存在的矛盾，这个矛盾便是材料、事实和概念之间的矛盾。这个矛盾一直困扰着笔者的思考活动也困扰整个研究过程。正如布洛赫（M. Bloch）所言，史学家应当像任何科学研究人员一样，面对众多纷繁的现实作出自己的选择。但很明显，这并不意味着随心所欲或简单武断地收集资料，而是需要科学地收集资料，并应通过对这种资料的分析来达到重建和解释过去的目的。①

研究者在研究的初期必然需要选择概念化与理论化的框架来作为资料甄别、选用和归类处理的工具，这也是研究走向规范化的需要。但是历史的发生与概念理论的发生并非必然对应的，历史资料的记载也必然是经过筛选和剪裁，甚至是一度抽象的。这种非对应性、筛选性、裁切性和抽象化过后的资料究竟和真实的历史到底有多远？海伊在分析传统历史学家面对的困难时，部分回答了这个问题，即"理论史学是一种矛盾的修饰。因为历史叙述的本质应该是尽可能的详细，所以除非是有所节制和悉心修正过的概念化，否则都将是异端，广泛的概念化会扭曲特定历史主题的明显

---

① ［法］勒高夫等：《新史学》，姚蒙译，上海译文出版社 1994 年版，第 10 页。

特征"①。史料与历史事实之间的相去甚远,概念和理论并非必然与实际发生的事件准确对应,何况更有历史学家作为人的个体所进行的前置的价值观、方法论甚至是为尊者和亲者讳的主观动机。而对于此类研究的资料收集而言,就是要在浩瀚的史料中寻找历史的复杂的联系。

## (三) 研究内容

第一部分是聚奎学校所居处的自然环境、历史发展和社会环境的概况。通过查阅地方史志和档案,对聚奎学校所在的江津、白沙镇和黑石山等的自然、历史和社会状况进行描述。在介绍聚奎中学变迁之前,把这所学校所扎根的社区和地区以舞台背景的形式加以呈现,寻找聚奎中学在时空维度中的坐标。

第二部分将以学校变革的视野来分析聚奎学校变迁的历史轨迹。首先,根据历史时期的特点和聚奎学校的沿革,将聚奎学校自 1880 年书院成立到今天的一百多年的历史划分为了四个主要阶段,分别是:第一阶段(1880—1912)从义塾转为书院而后形变为学堂,这是聚奎中学早期的发展;第二阶段(1913—1952)学校经历了抗战、内战和新中国成立初期,这段时期也是聚奎学校人才辈出、成果丰富的时期。然后,此后学校在战乱中失去了国家与社会的支持,日渐衰落。从 1952 年开始学校进入新的国家体制,逐步恢复办学的活力;第三阶段(1953—1977)社会的剧变以及剧变后的调整影响了学校办学,学校经历了一个由乱到治,并持续探索的过程;第四阶段(1978 年至今)学校在经历了百年历程后力图在时代浪潮中重新找寻蜀庠楷模的风范,学校在办学理念、制度构建和教育教学改革中立足自身传统又积极借鉴新的教育思想、教育方法和成果,办学水平和教学质量不断提升,正在成为一所有传统积淀又有现代活力的新型学校。

第三部分本书将以理论视角对聚奎学校的变革历程进行总结,结合当

---

① [英] C. 海伊:《何谓历史社会学》,S. 肯德里克等编,王幸慧等译:《解释过去,了解现在——历史社会学》,上海人民出版社 1999 年版,第 32−33 页。

前学校发展变革的群体境遇，分析影响学校变革的现实因素与理论逻辑。结合对现实和理论的分析，对当前学校变革提出思考和建议。

# 第一章

聚奎学校的所在

# 一、长江上游的水驿兴盛

## （一）白沙简况

聚奎学校所在的重庆市江津区白沙镇早在五千多年前就有先民在这里繁衍生息。东汉时期，这里人口聚居开始形成村落。据《太平广记》和《蜀中广记》等史书记载，白沙在唐代时期开始出现规模较大的宗教和文化活动，曾因大圣寺气势恢宏而声名远播。根据《元丰九域志》卷八记载："雍熙四年，南平县并入江津。江津州南一百二十里，有七乡。有汉东、伏市、白沙、长沙、圣钟、石羊、玉栏、灵感、石鼓、沙溪、仙池、平滩、石洞、三槌十四镇。"白沙早在宋太宗雍熙四年（987）就已经设立了镇的建制，由此算来其成镇历史已经有1000余年。宋朝之后的元、明、清均也都在白沙设建制镇。在清代中后期以后，商业活动的发展使得航运业成为长江沿岸各地的支柱产业，白沙凭借着长江上游的水陆码头之利日益成为西南地区区域性的物资集散枢纽。白沙不仅成为川东、川南一大水路要冲，而且是川黔滇驿道上的一个重要政治、经济和文化集镇。民国时期设镇公所，白沙为江津县第三公署。1949年11月29日，白沙和平解放后，设第五区人民政府，下辖白沙、三口、几子、塘河、永兴等五个乡镇。1951年4月，江津县人民政府移置于白沙镇，白沙成为县治所在地。1956年7月县政府迁回城关镇（即几江镇），白沙撤区设镇。1970年成立白沙镇革命委员会。1980年至今，白沙设白沙镇人民政府。

白沙镇地处长江航道的上游，在重庆市江津区境内西部，距江津城大约45公里，距重庆主城大约72公里。距四川泸州75公里，距贵州赤水60公里；上达川南，下通重庆，南驰黔滇，北走永川、璧山，是江津西部的区域性中心。

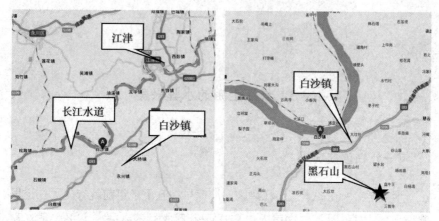

图1 聚奎学校所在的白沙镇位于长江航道之上

白沙镇中心城区沿长江南岸而建，靠山面水，地势北低南高。原滩盘片区在长江北岸，地势北高南低。辖区村居沿长江两岸分布，境内长江水域长28公里。全镇最高处海拔945米，最低处海拔201米。白沙属北半球亚热带季风性湿润气候地区，全年气候温和，日照充足，四季分明，雨量充沛，年平均气温18.1℃，极端最高气温42℃，最低气温零下0.9℃，无霜期340天，年均日照为1270小时。白沙平均降雨量1000毫米，主要集中在五、六、七、八月。白沙全镇面积大约237平方公里，下辖24个自然村和社区，总人口约14万人。其中白沙镇中心区大约5平方公里，常住人口8万，是重庆市第一人口大镇及重庆市重点发展的中小城市。民族以汉族为主，另有蒙古族、回族、羌族等18个少数民族100余人。全镇现有机关、企事业单位和社会团体及外驻白沙机构200余个。黑石山是位于白沙镇南郊约3公里处的山峰，曾在入选美国出版的《世界风景名胜辞典》，被列入《美国旅游辞典》。黑石山之所以声名鹊起因其独特而丰富的自然和人文景观。黑石山原名宝峰，后以多奇特的黑石而得名。在平畴之中，黑石山一峰崛起，满山碧翠，远远望去犹如一个巨大的绿球，它周围驴溪环绕，岩谷深幽，山间怪石盘错，古木参天，鸟雀、白鹤、苍鹭等各种禽类栖居于此。黑石山上有 500 余座各式磐石，它们星罗棋布、大小不同、千姿百态、参差错落，其中函谷石和二郎石等奇石背后都有很多生动的传说，至今还为人乐道。黑石山中有明、清两代的寺庙，还有冯玉祥、于右任、郭沫若、吴宓、周光召等历代名人的手书题辞、石刻碑文、诗、联 70 余处。辛亥革命四川首义的革命活动家萧湘、白屋诗人吴芳吉以及国画家张采芹等均长眠于梅林、紫金林的绿树丛中。此外，这里还有五百年树龄的罗汉松、九曲池、镜桥、鉴止亭、夜雨亭、问梅亭、鹤年堂、鼓亭、鹤栖亭、绮笙亭、萧湘亭、驴子溪、高洞瀑布等景观。

### （二）因水而利的市镇

1. 以航运为依托的商业活动发达

由于地处长江航道上游，白沙很早便倚水之利兴盛发展。明神宗万历九年（1581）朝廷便设白沙水驿。明末清初，历经兵燹，瘟疫流行，连年饥荒，白沙人口大大缩减。清康熙年间，从湖广移民入川，人口逐渐增多，生产逐渐恢复，成为著名的粮食产区。清朝中期，白沙呈现出工商业繁荣景象，成为川东、川南水路要津，以后成为四川著名的米粮集散市场。随着农业的恢复与发展，雍正九年（1731），白沙市场盐业兴起，清光绪三年（1877），设官运盐务分局。光绪二十二年（1896），设磺务分局，管理川黔两省邻近县的盐磺运销。清光绪十六年（1890），重庆开辟为商埠以后，白沙市场随之发展成为地区性的商业中心。光绪三十二年（1906），日本商人在三角坝设立新利洋行白沙分行，收购棕丝，运销日本。宣统元年（1909），成立白沙镇商会，工商业兴盛，市场繁荣。白沙凭借着长江水驿的区域性战略位置，逐渐成为川东、川南货物走廊的水路要冲，也逐渐成为川黔滇驿道上发达繁荣的商业贸易集镇。白沙镇以经济而昌荣，进而至于同与江油中坝镇、渠县三汇镇、金堂赵家渡镇并称为全川四大经济重镇。民国初期，国内由于军阀割据，兵火频仍，社会工业和商业萧条，民众生活苦难不堪。然而，白沙民族资本在这个时期得以较快发展，丝线、纺织、印刷、火力发电等工业逐渐兴起，棕丝、猪鬃、桐油、皮革四大名产，远销国内外，进入国际市场。白沙因此成为江津西部的经济、文化、交通中心，进而成为"川东名镇"。到民国十九年（1930）后，军阀战乱渐停，四川局势渐趋稳定，经济始有复苏的机会，得以使工商业、市场出现生机，逐渐恢复繁荣，近现代工业开始在白沙起步。与此同时白沙凭借通达四海的水路运输，汇聚为江津西部的经济、交通、农副产品加工、物资集散中心，进而成为"川东名区"、经济重镇。1937 年抗日战争爆发后，国民政府内迁，作为陪都的重庆迎来了城市发展的重要机遇。由于白沙的航运地位特殊，当时的一批国家机关以及教育和文化机构纷纷迁到白沙，更多的文化、教育和思想集中于此，白沙镇也更加繁荣兴盛。例如由宋美龄创办的新运纺织厂，带动了白沙的纺织工业获得大规模发展，当时的白沙有大小织布厂七十余家，手工织布两千余户；商业的兴盛带动了金融服务业的发展，当时的白沙有各级各类银行等金融机构若干，真正成为重庆的经济重镇。1938 年初，白沙镇还设立了重庆市户口疏散白沙指挥所，此后国家和四川省内的很多政府机关、工厂企业和教育机构也迁建来此。中国战时生产促进会在白沙创办棉纺厂，国民政府财政部在白沙成立农本局，液体燃料管理委员会在白沙创办国华动力酒精厂，供应了战时前线一半以上的工业酒精。

图 2　19 世纪末白沙码头的繁忙兴盛在 20 世纪后半叶随波而去

2. 以邓氏家族为主的士绅阶层壮大

白沙水驿繁荣的经济和商业活动造就了新的社会阶层，商业活动中的不同参与者慢慢形成了相对稳定的团体，这些团体又逐渐形成了新的社会阶层。这其中，掌握着商业资源的士绅阶层逐步壮大起来。他们还坐拥有着除了商业资源之外的各种社会资源，并逐步影响着社会的发展。白沙作为长江上游的重要水驿，是川盐外销的咽喉要道，盐号和码头帮会自然就成为重要的社会阶层。特别是盐号的生意一度兴盛空前，创造了以洪顺祥为首的江津盐帮群体，影响整个川盐外销。洪顺祥的创始人是邓石泉，他早年家贫，从私塾辍学后到钱庄做学徒，此后又自营小贩，生计好转。因为其吃苦耐劳又善于经营，逐渐积累起财富，成为一些盐店的股东，并最终成立了自己的"洪顺祥"盐号。洪顺祥的大发展是在太平天国运动过后，邓家利用战乱期间川盐外运获得了商业成功，极具投资眼光和风险意识的邓石泉顺利成为盐业江津帮的奠基人。之后，邓石泉之子邓蟾秋继承其父经营的洪顺祥盐号，又开办大有恒钱庄，因此巨富。1926年，他捐款给重庆基督教青年会兴办图书馆。1932年，他创办江津农工银行，在重庆开办火柴厂和曾家岩玻璃厂。此后，他在自贡组织"福川盐号"，后成为四川盐业中"江津帮"的代表，与自贡的"井帮"和重庆的"渝帮"形成鼎足之势。在邓家第三代传人中，邓氏家族吸收了诸子言进入集团。诸子言，字克溶，光绪十八年（1892）壬辰四月二十五出生于江津白沙之万家山。弟兄共五人，子言行四，长兄起龙（克渊）管理大家庭。仲兄作霖（克沛），留学日本，曾任教白沙新本女中；三兄健安（克瀛），是津、沙一带的著名中医；五弟克涵，上海求学归来，协助经营工商企业。总角之时，在其父东山公所设的族学中启蒙，诵习诗、书、经、传。在东山公亲炙之下，不长时间，即能诗善文。当离家八里之遥的聚奎书院改为学堂后的1907年，15岁的诸子言考进这所被称为"全川第一小学"的第二班。那时校长是唐定章先生，执教者有从日本留学归来的邓缫仙、萧湘先生等。缫仙先生之兄邓岳皋公是诸子言姑父，萧先生进行推翻清王朝的革命活动，遭到清廷缉捕时，曾避难诸子言家住的万家山。有这些亲故关系，在校期中，诸子言得到了关顾和教诲。1910年，辛亥革命前夕，诸子言从小学毕业，考取了重庆联合中学。在聚奎念书时，受萧湘先生民主革命思想的熏陶，向往革命，原计划中学毕业之后，赴省投考高师，继续深造，但在联中就读期中，经常过从当时重庆商界闻人邓蟾秋先生。蟾秋先生系岳皋、缃仙先生兄弟行，对诸子言来说，是姻亲长者。蟾秋先生十分器重这个勤俭好学的青年，有意要他投身商场。诸子言在他的影响下，选择了"实业救国"的道路，接受了蟾秋先生的推荐，进了"万茂正"字号作学徒，拜重庆商会会长"万茂正"经理石建屏先生为师。他以一个旧学根底深厚，又受过新式的中等教育，修养有素的青年学子，在石建屏的教导下，对于商场中一切应具备的知识，融会贯通，不到两年，以学习勤勉、成绩优异出庄湖北沙市，做这个字号的分号经理人。在沙市经理任内，他出色地完成任务，得到了总号的赞扬和股东们的信任，万茂正结束后，1920 年他代表"洪顺祥"等盐号来到自贡坐镇。1924 年，邓仲鸾进行改组，将"洪顺祥"分成"同济"和"复盛"两家；招商认运，后再度重新组合，除"复盛"外，将"同济"分成了"成记""昌裕""友康""怡和"等四家盐号，诸子言是这些盐号的股东，也是他们在自流井的经理人。诸子言在自贡声誉日隆，号务日益繁忙之际，重庆派了他的老同学、同是聚奎学子的张玉琰前来协助。张玉琰也是"怡和"盐号的经理，但他更主要的工作，是为诸子言掌管内部事务。自张来后，不仅帮诸子言把各家盐号账务整理得有条不紊，而且还对年轻学徒循循教导。两人合作无间，让诸子言无后顾之忧，腾出手来，向运盐业以外的生意发展。为了增添盐号在市场上的经济活动能力，诸子言搞了两家小型的钱庄，一家叫"顺记"，一家叫"利亨"，又经友人辗转介绍，承办了美商德士古煤油公司的经销业务，这不担风险的赚钱生意，更加积累了他的财富。此外，白沙还有在酿酒、米花糖等行业涌现的各种士绅，成为白沙一方具有统治和影响力的群体。

白沙镇在 20 世纪初形成了与邓家商业家族相对应的是夏家的军政家族。夏家也是白沙的望族，夏仲实也曾经涉足商业，开办了商行和水电等。夏仲实后来在民国二十四年（1935）担任了川军第十师师长，四川省第十一行政督察区专员，但是辞未就职。在民国三十七年（1948），他又当选四川省第五选区第一届立法委员。还有以陈焰光、陈敦甫和陈焰辉的陈氏三兄弟为主的陈氏家族。陈氏家族主要是贩卖布匹起家，后又经营工矿银行。

陈焰辉开办了谦泰豫银行，陈敦甫开办了亚西银行，夏仲实便在谦泰豫银行做过董事长。除了这几大家族外，还有王政平、谢秉之、何策襄等，都是江津声望和实力颇高的士绅。

## 二、时代变迁的教育见证

### （一）社会转型与教育变革

聚奎学校诞生和发展的 19 世纪末 20 世纪初，白沙镇以及重庆经历了几次重大的社会转型。这几次重大转型对于重庆和白沙来讲意义非凡，同时也对聚奎学校的发展产生了或直接或间接的影响。近代以来白沙先后经历了重庆的开埠、成为陪都、重庆直辖三次重要的转型，期间还发生了其他规模和范围不一的局部转型，这些转型都带来不同程度、不同范围的社会发展变化。今天是昨天的延续，历史的借鉴作用不可忽视，重庆和白沙的今天也是昨天历史的延续。无论是重庆开埠还是成为陪都，直到今天的直辖，无不成为影响国家和地区发展的重大转折。重庆作为一个长江上游的重镇和商贸中心，它的每一次特殊的转型势必会对重庆社会各方面产生不同程度的冲击，白沙亦深受影响。重庆的历次重大转型都促进了白沙的转型，把白沙卷入了时代发展的浪潮之中。首先，推动白沙社会进入近现代化的进程。尽管白沙已经孕育了相当规模的商业文明，但是外来的冲击仍旧产生了强大的影响，白沙的农业和旧有商业码头经济结构被打破，利益格局进行了调整。白沙被进一步纳入近现代化的轨道，这个轨道强化了近现代生产方式和经济因素的影响，导致经济要素结构和发展方式的变化，逐步使商业、航运和工业成为白沙经济发展支柱。第二，它使白沙区域内的经济运作和社会运行被置于近现代市场的影响之中，外部力量对白沙经济社会的控制力越来越明显，白沙社会逐步改换其内部的治理方式，更多接受外来的影响。第三，重庆的历次转型改变了白沙人的传统观念，这里的人们观察自身和周围世界的角度和方式在社会转型中发生着转变，也影响他们对待文化和教育的态度。第四，生产结构和方式的转变带来了社会阶层的调整，原有的社会阶层和阶层间的关系因为缺少经济基础而塌陷，新的社会阶层出现并构成了新的社会体系。在这个过程中，教育也不断沿革变迁，随着社会变化的节奏律动，教育活动背后的思想和文化在坚持中调整，教育活动的组织形式和运转方法也在吸收中变化。在近现代中国，传统文化尽管遭到西方文化的强劲冲击，但其仍然在文化革新的历史过程中不断展示着顽强的生命力。[1] 传统文化的惯性和生命力的挣扎在教育领域表现得尤为明显，乡土中国依然需要乡村的旧式教育模式，私塾仍旧有着其存在的合理性。特别是在新旧文化斗争拉锯的时候，旧式的教育模式如私塾甚至一度在垂死中重新焕发生命力。由是观之，中国教育近现代化不是一个谁取代谁和谁征服谁的过程。新式学校并未完全取代私塾，而即便是科举废除也不见得科学知识就取得了完胜。近现代化在中国的进行，是一个复杂多维的过程，特别是文化教育领域。教育的变革中不存在文化的取代和征服，也没有不可逆转的西化潮流。在某些情况下，教育中更多呈现出来了社会转型中的文化互动、交流和借鉴。国家的教育改革措施中已经隐约看到新文化的影子。这在旧式的书院和私塾的教育内容和方式中都有所体现，很多采取旧式管理和建制的书院和私塾已经散发出新文化新教育的气息。总之，这个时期的社会转型已经让教育有了新的发展可能。

在维新派掌握政府权力期间，采用近现代教育与学校制度的呼声一度高涨，很多维新派的官员开始劝说皇帝推广新学。当时的刑部侍郎李端就向光绪皇帝建议设置从国家到地方的新学体系。光绪皇帝指示总理衙门议复和操办此事，但是遭到朝廷中保守派的极力反对，已经形成的计划和实施方案被迫搁置。李端的这份名为《请推广学校折》[2] 奏章尽管没有实质推行，但是仍可以被看作是清末新学推广的先声。聚奎学校诞生的19世纪末恰好是西南地区开放的时间点，重庆开埠成为开放的重要事件。国家和

① 李喜所：《中外文化交流史·晚清卷》，世界知识出版社2002年版，第21页。
② 陈学恂主编：《中国近代教育文选》，人民教育出版社1983年版，第62–69页。

地区转型的社会背景给予了教育变革以新的契机，重庆和四川的教育发展迎来了转折。1873 年，张之洞简放四川学政，决定改造四川学风，"首励以廉耻，次励以读有用之书，并以全力剔弊摘奸，卒成蜀省一代学风焉"①。重庆开埠后，维新思想的迅速传播无形地冲击着四川社会生活的各个方面，人们逐渐认识到旧教育制度的陈旧落后和改造重塑的迫切性。《渝报》第 8 册载《川东建置中西学堂述议》中称：

> 中西款后，天子赫然维新百度，明诏各行省设学堂，以告天下士。先于京师立官书局，以树之帜志，以风动四方，自是新学之议遍天下。

继 1892 年重庆首设川东洋务学堂之后，1896 年川东中西学堂又在重庆设立，重庆的教育特别是新式教育由此发展起来，聚奎学校也在这个时期实现了重要的转向，走上了新式教育的道路。此外，影响白沙教育发展的另外一个因素便是近现代资本文化在白沙的初步形成。重庆的商业文化最早成型于清代中期，白沙的商业经济文化也在这个时期形成。在清末维新文化影响和开埠的现实冲击的双重影响下，白沙社会的政治、经济和教育文化有了前所未有的气象。突出表现在经济文化的思想内核与表现形式不同于封建社会的农业经济思想模式，它遵从商业活动的逻辑，强调协同与合作，强调维持商业活动的组织和制度，有着重商、平等互利、群体意识等精神文化观念。社会文化中的物质文化、组织制度文化、精神文化已经不再是互不关联、各自为政了，而是多个方面紧密相联，初步构成一个完整的形态。商业文化的形成也体现在了教育发展中，直接的影响便是各种工商学校的建立。商业文化对教育发展更为深层的是对待中国传统文化和教育价值的态度，它动摇了封建教育的根基，对教育价值、教育目的、教育内容和教育方法都产生了程度不同、范围不一的影响。

————————

① 张秉铎：《张之洞评传》，台湾中华书局 1972 年版，第 219 页。

### （二）思潮涌动与学校发展

近现代教育思潮是中国教育界内外对于近现代新型学校教育规律的持续不断的探索与认识。新式学校的组织结构、运行管理、教育内容和教学方式异于清末中国社会的现实，它的到来、植入和发挥影响引起了中国文化界和教育界的广泛关注与反思。学校作为中观层面的教育载体，承担着教化和培养的具体活动，是教育思想实践的终端和检验。教育思潮的涌动带来了学校的创建和变革，学校发展的实践又促使教育思潮进行自我的调整与修正。学校在中国的发展经历了从内生到引介再到变革的过程。广义上的学校在先秦甚至是更早阶段就已经出现，夏有校，殷有序，周有庠。之后到唐宋思想文化繁荣时期发展出了体制化书院，成为学校教育的制度化和规范化形式。伴随着元代开始的书院官办浪潮，至明清之际聚徒讲学的风气大为盛行，特别是还出现了私塾和义塾等社会办学形式。这些私塾和义塾多半由地方政府所倡导，结合了社会阶层和群体的活动范围与空间，起到了对官办学校很好的补足作用。这些不同资金来源、组织形式和管理体制的学校遍布城乡，主讲蒙学经典，是中国古代学校教育的主体部分之一。这种以社会为主的办学自春秋战国时期诞生以后，便随着民族—国家范式在中国的发展深化不断变迁，也与国家经济、文化和社会的发展状况紧密相联。到了清末，民族—国家范式在中国的发展受到外部影响，社会开始经历近现代化的转型。民国社会的转型带动着这个时期教育的蜕变，这个蜕变的过程是复杂多变的，是在传统教育与新式教育的继承与摒弃、排斥与接纳和移植与发扬中完成的。整个社会"对教育的构思与运作、试验与调整，交织成一幅错综复杂、色彩斑斓的历史画卷"①。

在清末学制改革后，政府的推动使得新式学校在乡村社会纷纷涌

---

① 李华兴主编：《民国教育史》，上海教育出版社1997年版，第1页。

现。新式学校在政府的支持下不断地嵌入乡村社会，这实际上是新文化对以私塾为中心的传统文化的打破。代表传统旧文化的私塾在底层民众的支持下苟延残喘，但是也仍旧不时回击新文化的挑战，新旧文化之间存在着对垒。这种文化上的对垒形成了新旧并存的二元教育模式。在二元对立的结构中，新旧文化的力量对比决定了新旧教育之间力量的对比。代表传统的义塾私塾终究因为它更加贴近乡土中国的民情世风而受到欢迎，其数量也超过了乡村中新式小学的规模。同时，这些义塾私塾还是乡村的精神寄托和文化中心，其地位特殊而重要。在这种二元对立且传统占优的形势下，近现代教育在中国乡村发展缓慢。这种现实远不是有些简单观点所认为的，近现代文化和教育汹涌澎湃一发不可收，传统文化无所适从而束手就擒。那些认为整个现代化过程就可以被简化为现代性征服传统大获全胜的历史的观点实际上忽视了历史上更有生气的一面，即传统和地方社会对现代性的反抗、调适、接纳以及创新。①

　　在这种社会思潮的背景下，清末四川和重庆的小学教育得到发展。重庆的开埠带动了重庆学校教育的繁荣，这种繁荣向内辐射，对整个四川地区的学校教育起到了很好的促进作用。四川在 1907—1909 年以差不多每年增加千余所小学，三万多学生的速度发展着。1907 年有小学 7500 多所，1908 年 8700 多所，1909 年近万所。小学生也由 1907 年的 23.5 万发展到 1909 年的 33 万多人。小学学堂中以初等为主，如 1909 年 9944 所小学中，初小 9132 所，占 9.2%；33 万小学生中，初小学生 29.5 万，占 89%。② 各级各类教育的兴办，逐渐满足了重庆开埠后社会发展的人才需求。而这些教育发展培养的大量人才，为重庆开埠后整个重庆乃至四川的发展增加了活力。另外一个重要的转型影响便是留学热潮对教育发展的作用。在重庆开埠不久的 20 世纪头十余年里，全国的

①　蒋纯焦：《一个阶层的消失》，博士学位论文，华东师范大学 2006 年，第 96 页。
②　陆远权：《重庆开埠与四川社会变迁：1891 年—1911 年》，博士学位论文，华东师范大学 2003 年，第 145 页。

留日热潮也席卷到西南，席卷到重庆。当时的有识之士纷纷解囊资助学生留日学习，四川和重庆的留日学生数量名列全国前茅。重庆包括白沙留日学生的增加说明，当时重庆社会转型的浪潮冲击了社会的实力阶层，对他们兴办教育的思想也带来了新的影响。恰恰是这批留日学生对当时重庆的教育发展起到了引领作用。当时白沙派出的留学生，特别是邓家派出的子弟和学生主要留日学习的便是师范教育，这对白沙甚至整个重庆基础教育的发展起到了非常积极的作用。聚奎学校在创办和向新式学校转变的过程中，基本上都是由当时留日学生回国后来掌控，也可以说聚奎学校最初的发展得益于这部分留日学生的师范教育经历。

社会思潮对学校发展的影响更直接体现在民族资本主义阶层对于民族的命运、教化的作用的思考以及行动上。此时的中国资本主义经济发展的程度远不及欧美发达国家，整个的资本数量、结构等都还不足以对国家生活产生更重大的影响。尽管不能直接涉足内政外交领域的政策制定，但以士绅阶层为核心的民族资本主义阶层力图通过文化和教育来影响国家和社会的进程，这也是士绅阶层在拥有了可观的经济实力后积极表达出来的诉求。这个具有强大经济实力的阶层愿意花费不菲的资金兴办学校发展教育，既是出于权利扩展的考虑，也是其内在思想观念影响使然。事实上，资本和商业思潮在整个社会思潮中占据着实质性的重要地位，尽管它不如新文化运动那么风生水起，但是因为对经济命脉的控制让它理所当然地成为影响学校发展的核心力量。无论是工业化还是资本化，无论是重工还是重商，都需要大量的技术和经济人才。学校能够通过制度化和规范化的培养方式为社会输送大量人才，满足了经济发展需要。在资本原始动机的影响下，大量的士绅对学校投入了极大的热情。当然在这之外，中国传统观念中的重视教育的思想依旧影响着社会，无论是上层社会还是底层民众，让子孙后代接受教育始终是一个强烈而执着的愿望。总之，这个时期的新思潮十分重视教育的作用，特别看重新式学校在人才培养上的优势。即便是在传统思潮中，新式学校也因为一部分开明人士的推崇而备受关注。还有很多进步的社会思潮开展了新式学校的实验，如穆藕初的昆剧传习所，他还成立中华职业教育社，任中华职业学校校董会主席。著名实业家张謇凭借其兴办实业的所得收入和劝募实现其教育富民强国的思想。张謇在南通和其他地区创办了一系列私立文化教育事业，共计有初等小学校三百多所和中学、师范学校、农业专门学校、纺织专门学校、医学专门学校、蚕桑讲习所、工商补习学校、女子传习所、保姆传习所等。

## 三、近现代学校的缩影

### （一）特殊的社会氛围

从 19 世纪末开始至 1942 年，白沙镇聚集了大量的大、中、小学校，成为当时名副其实的"教育城""学校城""学生城"。在将近四十所学校中，学生常年在校人数超过一万余人。正因如此，白沙镇与当时的重庆沙坪坝区、北碚区合称为重庆的三大文化区，也有说法把白沙坝与重庆沙坪坝、成都华西坝、北碚夏坝齐名合称为四川著名的"文化四坝"，也是中国大后方四大文化区之一。白沙物华天宝，人杰地灵。这个千年古镇之所以能够在 20 世纪的前半期名播遐迩，除了社会稳定、经济兴旺和人文荟萃之外，还有厚重的文化底蕴以及优良的教育氛围。1905 年，洪顺祥盐号的后人邓鹤翔在白沙溜马岗兴办了全川最早的女子小学之一的"私立新本女子学堂"（现校址为重庆工商学校）。1937年 7 月以后，抗日战争时期，沦陷区原有的大批工厂、企业、文化单位和社会人士纷纷迁往内地。当时迁来白沙最引人瞩目的就是学校和文化机构。时任国民政府教育部长陈立夫主持开办全公费国立中学，开办大学，白沙镇力承重任。1939 年初，首先在白沙镇成立教育部战区中小学教师四川服务团，负责安顿来自沦陷区的中小学教师。1938 年重庆女子师范学校迁到白沙溜马岗。1939 年 4 月 12 日，战区教师第三服务团附设的第一中山中学班由重庆迁至白沙对岸的滩盘。这所学校办至 1941 年 8 月方才并入设在德感坝的"国立"九中，成为其高中第三分校（"两弹元勋"邓稼先、茅盾文学奖得者王火、中国科学院院士夏培肃，当时都是该校的学生）。1939 年川东师范也迁入白沙。1940 年，"国立"十七中由巴县迁到白沙，该校办至 1945 年 8 月，之后又为"国立"江津师范，恢复了在金刚沱的校址。1940 年 9 月 20 日，教育部创办了"国立"女子师范学院，这所学校主要以培养女师为主，其校址在白沙新桥。"国立"女子师范学院第一届院长由原教育部督学谢循初担纲，学校的教师中有胡小石、余雪曼、台静农、魏建初、卢前、吴伯超、唐圭璋、吴白陶、沙梅、柴德赓、李霁野、李何林等名流学者。即便是到今天，"国立"女子师范学院仍旧是全国唯一的女子最高学府，1946 年 8 月迁至重庆九龙坡原交通大学（今美术学院）校址（由劳君展教授担任院长），1950 年合入西南师范学院（2005 年 7 月与原西南农业大学合并组建为西南大学）。1940 年教育部特设大学先修班设于白沙驴溪半岛，曹刍等名流在此任职，1946 年并入女师学院。1941 年教育部又在白沙开办第四中山中学、第八中山中学。由教育部在白沙新建的还有"国立"女师附属中学、"国立"女师附属师范学校，川东师范建国先修班等中等院校。同一时期内，白沙本土中、小学迭见增益。除最早的聚奎学校（1870 年至今），江津师范（创办于 1904 年）1934 年 9 月迁入"平教实验区"在驴溪半岛上建成的新校舍，学校办学至今，2006 年 12 月整合组建为重庆电子职业技术学院江津校区，2008 年 4 月 11 日，更名为重庆航天职业技术学院。还有由周氏至德总祠及其支祠开办了私立至德初级中学，由四川省平民教育促进会创办了私立修平中学。白沙镇作为"学生城"的规模和体量无论是当时还是现在来看都是很少见的。同时，白沙还是一个"文化重镇"，除了学校外这里还汇集了各种层次、类型和规模的文化机构。例如当时由蒋复璁任馆长的"国立中央"图书馆1939年由重庆迁来白沙镇，之后更是有陈可忠带领"国立"编译馆相继迁来。正是由于大量的文化团体、机构和组织不断集聚白沙镇，许多著名学者、教授、艺术家、社会活动家和名流也齐聚白沙。一时间，白沙镇人文精英荟萃、思想模范集中，盛况空前。白沙镇良好的经济发展状况、稳定的社会形势、宜人的自然环境让这些名人名家得以安心生活、潜心研究、认真创作。很多名家在白沙期间完成了很多佳作，流传至今。除此之外，白沙的文化氛围还体现在文化传播上。1942年3月27日，白沙镇的大学先修班班主任曹刍兼任社长，创办了《白沙周刊》。1942年3月29日，黄花岗七十二烈士殉难纪念日那天，由白沙音乐教育促进会与教育部音乐教育委员会合作，借驴溪半岛江津师范学校场地，举办了"中国音乐月万人大合唱"。由卢前撰写《白沙镇歌》歌词，吴伯超指挥，这是中国音乐史上第一次史无前例的万人大合唱。同年12月5日，由张仲衡发起，在光华路7号设立白沙实验简报社，创办了《白沙实验简报》。白沙三青团亦陆续办起了《白沙青年周刊》《时代画刊》和《民时半月刊》等宣传革命和新文化思想的报刊杂志。

可以说，重庆近现代史的几次重大变迁对重庆城市发展的影响是非常巨大的，也造就了白沙特殊的文化和教育氛围，也正是这样的氛围滋养了聚奎学校。开埠后的重庆成为四川乃至整个西南地区的开放前沿，成为接收向内辐射文化的重要阵地。这为白沙教育的发展提供了很好的文化契机，聚奎学校也在这种文化契机营造的教育氛围下发展起来。陪都时期的重庆是大后方文化的中心，大量的名人、名师、名校纷纷聚拢重庆，带来了当时最先进、最前沿的文化和思想，这对重庆教育的影响是直接而且深刻的。聚奎学校分别在这两次重大的社会转型中实现自身发展的变革，也在这两段历史中成就了骄人的办学业绩。

**（二）活的学校变革史**

聚奎学校经历了近代中国的三种社会形态、四种学校形制，前后跨越了三个世纪,共计130余年,几经沉浮兴衰,饱受春风秋雨,是中国近现代学校变迁沿革的见证与缩影。聚奎学校自义塾创办以来,先后经历了中国近现代学校发展的各个阶段,具有从义塾到书院、学堂和新式学校的全面演变过程,经历了从封建社会、新民主主义社会和社会主义社会的多种社会形态,创办了小学、初中、高中(曾经有成文的"聚奎大学规划"),采取了合办、公立、县立、私立等各种体制,实行过男女分校与男女合校,使用了各种年限的中学和小学学制,从创办、发展到繁荣、衰落,直至今日仍旧在探索教书育人的实践。可以说,聚奎学校办学形态之完备全面、办学经历之跌宕起伏在同类学校中是十分罕见的。通过对学校文件中学校印章的整理和学校史料中的文字记载,聚奎学校130余年的历史中共先后经历了五种学校体制,更名22次,迁址3次(包括回迁)。

**表2 聚奎学校沿革历史略表**

| 时间 | 校址 | 学校名称 | 学校性质 |
|---|---|---|---|
| 1870 | 白沙镇黑石山 | 聚奎义塾 | 私人集资与地方公益金共同创办的免收学费的学校 |
| 1880 | 白沙镇黑石山 | 聚奎书院 | 官民合办的以考课为中心的科举预备学校 |
| 1905 | 白沙镇黑石山 | 聚奎学堂 | 初步具备新式学校性质 |
| 1912 | 白沙镇黑石山 | 江津公立聚奎两等小学校 | 公立新式小学 |
| 1913 | 初期于黑石山,后迁址溜马岗 | 江津县立聚奎两等小学校 | 县立新式学校 |
| 1925 | 白沙镇溜马岗 | 江津私立聚奎小学校 | 董事会治理制度下的私立学校 |
| 1950 | 两次迁溜马岗,又迁回黑石山 | 江津县奎新中学 | 私立中学(董事会制度已经取消) |

续表

| 时间 | 校址 | 学校名称 | 学校性质 |
|---|---|---|---|
| 1953 | 白沙镇黑石山 | 江津县第五初级中学 | 被人民政府接管，成为公立中学 |
| 1972 | 白沙镇黑石山 | 四川省江津县第三中学 | 公立中学 |
| 1984 | 白沙镇黑石山 | 四川省江津县聚奎中学 | 公立中学 |
| 1997 | 白沙镇黑石山 | 重庆市江津县聚奎中学 | 公立中学 |
| 2012 | 白沙镇黑石山 | 重庆市聚奎中学 | 公立中学 |

　　除了这些学校形制变革的"大事件"之外，学校内部还发生了很多值得深入研究并借鉴的"小事件"。一所学校运行所需要的资源获取、文化品性的养成、与所在社会社区的交流、学校内部层间结构的调整等，这些小事件组成了聚奎学校的办学历史。这些小事件不是邻猫生子的街谈巷议，也不是张家李家的飞短流长，而是社会大背景、教育大事件中的基本元素。这些小事件也往往是大事件的先声，是大变革的缩影，是大背景的衬托。例如学校校长人选的确定、学校文化活动的组织，都是由于社会大背景和教育大变革带来的学校内部要素和结构的变化。这些小事件牵动着学校的变革与发展，让那些不容易被辨清和认识的宏观的背景和事件以更加具象的形式呈现出来，把隐藏在背后的时代变迁、社会转型和教育改革的深厚意蕴呈现出来。这些小事件反映了学校变革、教育发展和社会转型的另外一个侧面，是鲜活的学校变革的历史。结合着"大事件"，解剖"小事件"，让我们能够更加清晰地看待这所学校变革及其背后的近现代学校变革的轨迹，从中取得经验和思考，不失为当下学校变革研究的一种尝试。

# 第二章

## 书院初创：民办官助的教育互动

聚奎学校的初期创办恰逢中国封建社会的尾声，处于国家和民族危亡的时刻。学校的前身是一所义塾，之后正式建立了书院的建制，成为学校发展的真正起点。聚奎书院既是政府财政拮据迫不得已庙产兴学的政策使然，也是当地士绅和百姓的文化和精神寄托，是清末民初掺杂了复杂社会情感和关系的结果。最重要的是，这样一所书院客观上体现了一种上下协同、官民参与的教育互动。尽管这种教育互动部分的原因出于当时封建社会破败的影响，但是其中也有必然因素促使教育互动形成，诸如传统文化中重教尊师等积极因素对当时的教育互动有着重要的推动。

## 一、庙产兴学：羸弱财政下的迫不得已

从中国教育近现代发展的整个历史进程来看，"废庙兴学"是非常值得关注的一个现象。"废庙兴学"不仅仅连接着学校发展的经费来源问题，更是直接连接着中国教育及其背后文化的发展走向和近现代化进程问题。因此，要把握"废庙兴学"的全部真实意义，既要有文化的眼光，也要从学校的角度。依据现有的研究来看，"废庙兴学"是一次由地方官吏发起，士绅参与，直至中央政府以统一的政令来推动实施的国家行动；"废庙"的结果本来并不必然指向教育，而"兴学"也非天然依赖庙产的供养，因此这种行为是二者的一种有意识的整合，也是在传统儒家文化观念影响下官方与民间行为的一次巧合的默契。

### （一）以庙产补经费

经费是学校开展正常教育教学活动的基础，没有充足的经费保障，教

育活动就无法正常开展起来。清末的中国封建农业经济处于崩溃的边缘，加之太平天国运动导致南方粮食主产区的粮食生产受到破坏。同时，政府每年应付战事和赔款已经使国库亏空，根本拿不出经费来发展地方的基础教育。然而，教育既能够满足中央政府对文化传播、思想控制的要求，同时也出于文化需求和强国意愿的鼓动，国家必须通过各种途径争取办学资源以支持教育活动的基本开支。当时清政府为了应付内外各种花销与支出，大量开征捐税，其税费水平已经接近经济承受的极限，再如何开源节流是政府非常头痛的问题。清军入关后，寺庙一度受到打压，但是在康雍乾时期由于皇帝对佛教的崇尚而又兴盛起来。直到清末，各级各类的寺庙已经积累了相当规模的资产。此时的政府把教育经费开源的想法转移到了寺庙的财产上。因此，庙产兴学是清末兴起的一股政府筹措资金办学的潮流，而经费不足才是政府废庙兴学的主要原因。全国范围内的庙产兴学是在1880 年以后，而白沙聚奎义塾早在1868 年的时候便开始了庙产兴学的步伐。

白沙的庙产兴学步伐在19 世纪60 年代逐渐启动，其机会也恰是有不法僧人因为不法勾当被罚没财产。当时的黑石山有寺庙曰"宝峰"。在清初，"里人周璨、何珩各舍业若干入寺，乃有田产"。到了1868 年，

> 主持僧某行不轨正，坏戒律。债迫（其）阴典其田与道者刘复善。乡人斥其私授（售），鸣诸县，噪而逐之。□假□冠暂司香火。其后就其地成立义塾。①

义塾创办后之后的光绪六年（1880），白沙地方政府继续扩展学校的校产资源，其中更是将大量寺庙田产充实到聚奎义塾的经费来源中。

> 有县胥获戾入狱，其父请输产以贷，籍其田郑家坡、白鹤井共

---

① 《聚奎史稿004012》，江津档案馆，第 J003 号全宗 0001 号目录 00170000 号卷。

八十余石，以为聚奎膏火。又适有碑槽大观音寺、二溪天星桥、白沙太阳会慈云寺祈报会，各有诉讼，劝令捐产入院，省后累，皆悦从之。复增七十余石。①

先于其他地方的毁庙兴学步伐，白沙地方的官员已经开始了运用合法手段充分利用寺庙资产兴办学校的步伐。这是整个国家掀起庙产兴学浪潮的前奏，也是白沙地方官政的先行之举。也反映了此后的庙产兴学浪潮在某种程度上是对由下而上兴学浪潮的回应。直到19世纪90年代初，全国范围内的废庙兴学活动才开始逐步展开。仅就时间意义上来说，聚奎义塾的创办是教育经费改革的全国先声。当时的白沙镇地处四川和江津，寺庙兴盛，从唐宋开始便有佛教活动开始兴建寺庙。到明清时，江津规模较大的寺庙达到十五座，有道观二十八处，寺庙道观的田产多达几千亩。② 这些田产土业之后陆陆续续被充实到学校经费中，聚奎义塾也因此受益得以举办。

作为传统的农业国家，在农业技术不发达的情况下，自然灾害将产生毁灭性的打击，这是中国农业社会和封建社会朝代更迭的重要因素。农业崩溃带来了农民抗争，频繁的内乱也加剧了朝廷的动荡，更为严重的是资本主义列强已经开始对中国进行经济上的剥削与侵略。可以说在内忧外患中，清朝的农业生产和国民经济已经处于崩溃的边缘。当政府财政入不敷出时，便以各种名目增税加捐，加之各级地方官吏又乘机从中贪污中饱私囊，形成恶性循环，致使社会经济更加凋敝。国库空虚以致无力承担公共事业，教育经费严重不足。清政府亦公开承认：

> 近年以来，民力已极凋敝，加以各省摊派赔款，益复不支，剜肉补疮，生计日蹙……各省督抚因举办地方要政，又复多方筹款，

---

① 《聚奎史稿005012》，江津档案馆，第J003号全宗0001号目录00170000号卷。
② 四川省江津县地名领导小组：《四川省江津县地名录》，1987年，第432页。

几同竭泽而渔。①

可以说，清末国家的经济实力以及国民手中的财富都根本无力全面支撑举办新式教育的费用，近代教育的发展缺乏相当的经济基础。当时身处江湖之远的四川，教育经费亦是捉襟见肘，不足为用。毁庙兴学开始的兴学活动到 19 世纪 90 年代初陆续在国内的很多地方实施开来。1893 年，陈炽在《庸书》中提出：

> 各省丛林、道院，藏污纳垢，坐拥厚资，徒为济恶之具。有犯案者，宜将田宅一律查封，改为学校。僧道还俗，愿入学者亦听之。一转移间，而正学兴，异端绌，宏治化，毓贤才。②

这实际上提出了利用庙产兴学的想法。不过，陈炽主要针对的是不法僧人，其针对性和偶然性很强，有目的的庙产兴学还是些偶尔为之的情况，尚未成为一种系统的表达和实施活动，国家层面也尚未意识到这种运动的作用与意义。

1898 年，张之洞作了著名的《劝学篇》，在文中提出了庙产兴学的初步设想。他认为各地庙产丰厚，可以用来补充学堂经费：

> 府县书院经费甚薄，屋宇甚狭，小县尤陋，甚者无之，岂足以养师生、购书器？曰：一县可以善堂之地、赛会演戏之款改为之，一族可以祠堂之费改为之。然数亦有限，奈何？曰：可以佛道寺观改为之。今天下寺观何止数万，都会百余区，大县数十，小县十余，皆有田产，其物业皆由布施而来。若改作学堂，则屋宇、田产

---

① 朱寿朋：《光绪朝东华录》五，中华书局 1958 年版，第 5251 页。
② 赵树贵等：《中国近代人物文集丛书：陈炽集·庸书内外篇：学校》，中华书局 1997 年版，第 59 页。

悉具，此亦权宜而简易之策也。大率每一县之寺观取十之七以改学堂，留十之三以处僧道；其改为学堂之田产，学堂用其七，僧道仍食其三。计其田产所值，奏明朝廷旌奖；僧道不愿奖者，移奖其亲族以官职，如此则万学可一朝而起也。①

全国范围内经费改革的浪潮来自于光绪二十四年（1898）康有为改书院淫祠建学堂的奏折。康有为在《请饬各省改书院淫祠为学堂折》中说：

> 我各直省及府州县，咸有书院，而中学小学直省无之。莫如因省府州县乡邑公私现有之书院、义学、学塾，皆改为兼习中西之学校，并鼓励绅民创学堂。查中国民俗惑于鬼神，淫祠遍于天下。以臣广东论之，乡必有数庙，庙必有公产。若改诸庙为学堂，以公产为公费，则人人知学、学堂遍地。②

自庙产兴学成为国家行动以来，其步伐实际上在这之后未曾停止，江津的庙产兴学行动就一直持续到 1930 年 7 月。当时的江津县专门成立了清理公营庙产的事务所，对庙产进一步的进行拍卖，主要涉及田、土、房和地产。庙产的加入为清末捉襟见肘的教育经费起了很好的补足作用。政府启动的废庙行动是当时一部分官僚阶层对于社会现状的不满和担忧所引致的。官僚阶层的这种集体忧虑在教育中看到缓解和释放的可能。然而，国家教育经费的不足直接导致了这场以毁庙废庙为主要形式的教育经费"筹集"活动。

---

① 张之洞：《劝学篇》外篇第三，上海古籍书店 2002 年版，第 40－41 页。
② 康有为：《请饬各省改书院淫祠为学堂折》，《康有为政论集》上册，中华书局 1981 年版，第 132 页。

### （二）伸张变革思想

清末变革维新的势力曾经主导了国家的发展，教育发展亦是如此。康梁变法中的很多思想最早也是先在文化和教育领域展开的。中国传统儒家文化中有子不语怪力乱神的传统，因此传统知识分子与寺庙以及佛教文化的关系一向十分微妙。然而，在近代各种新兴思想潮流的冲击下，广大传统知识分子日益放弃了这种对立的思想。变革维新派作为一个思想群体，重视依托学校作为宣传和伸张变革思想的阵地，而伸张变革思想的行动早期表现为与反对传统宗教和礼教文化的行动。变革思想的伸张也与庙产兴学活动逐步结合在一起，形成了当时促进教育变革的合力。

到了清光绪年间，由于统治者个人喜好的改变，加之取消度牒和考试，佛教已经颓废堕落到了极致。它不再是皇家的宠儿，也逐渐失去了基本的保护。以宗教和科学技术为核心的西方文化的到来，以及国内戊戌维新变法的发生，更对于佛教和寺庙而言雪上加霜。政府中的维新派要兴办"中学为体，西学为用"新式学堂，进而师夷之技以制夷的图存求变思想盛行。然而，国库连年亏空，教育经费根本无着落，兴办新学仅仅成为一种良好的愿望。当毁庙行动进展到一定程度时，人们发现这些寺庙占有大量公产，于是便生了"废庙兴学"的想法，废庙兴学之风大起，把寺庙财产补足教育经费成为当时的一种举国现象。这些想法由当时的一些变革派率先提出，晚清名臣张之洞作为洋务派的代表人率先提出了"废庙兴学"的概念，这也是其"中学为体，西学为用"思想的实践步骤之一。他甚至为具体的实施方法做出了指示，要求把寺庙房产作为校舍，寺庙田产作为学校经费开支来源。1898 年后，戊戌变法已经提出了明确的政治主张，要求废除科举制。因此，废庙兴学在一些变法派掌权的地方已经开始大规模实施，但仍旧不是一种全国行动。尽管没有完全实现科举制的废除，却对教育制度的改革产生了广泛影响，其中废庙兴学的行动便是受益者。当时的清朝政府也受宗教教化和教育教化问题的困扰，在思想层面还没有对废庙兴学政策彻底地执行。在戊戌变法失败后，统治者意识到了新政的必要性，也意识到了废庙兴学对于时代变革的意义。于是，这场由洋务派到维新派再到统治阶层最顶层的废庙兴学活动开始在更大范围内展开。四川和江津境内也随之开展了相当规模的废庙兴学活动。有资料显示，1900 年前后，江津县境内各乡、集镇以庙产充教育经费的教育机构有 13 所，还在德感、几水等地建小学堂内办有简易学塾 6 所。"据统计，截至 1911 年，峨嵋县先后办有各类小学 101 所。1904 年，郫县镇在东街江西巷文庙内设立城内女子初等小学堂 1 所。"[①] 1905 年，清政府在新政中决定废除科举制度，并将未来教育发展的目标定位于新式教育。庙产兴学的政策此后一直未曾间断，中华民国政府在政府财力有限的前提下，也不断出台划拨寺庙财产以振兴教育的政策。1915 年 6 月，北京政府内务部制定《寺产管理暂行条令》，10 月又公布《寺庙管理条例》，其中规定：有庙无僧的，寺产全部征用；有僧而不通晓佛典者，令其还俗，寺产亦全部征用；有僧且深通佛典者，寺产大部分也征用。至此，政府便将大量的寺庙财产置于地方政府的管理之下，以作教育经费之用。事实上，这也是变革思想在教育改革领域的延伸与扩展。

聚奎学校初期庙产兴学有着重要的社会背景，特别是变法运动对整个新式教育的发展起到了关键作用。康有为提出的庙产兴学主张继承了儒家士大夫思想的观念，然而需要看到的是康有为主张废淫祠是为了推行孔教运动，把淫祠改为孔庙和学堂。在康有为上奏几天后，光绪皇帝决定采用此建议举办新式学校。光绪皇帝要求将全国各地现有的大大小小书院一律改为兼习中学西学的新式学校，鼓励地方自行捐办之义学社学。同时，光绪皇帝在新学旨意中明确指出，民间的祠堂和寺庙但凡有

① 刘纪荣、李伟中：《清末民初"废庙兴学"的历史人类学考察》，《玉林师范学院学报（哲学社会科学版）》2007 年第 12 期。

不在祀典者，即由地方官晓谕居民，一律改为学堂，把淫祠和寺庙的花费投入到新式教育之中。

光绪皇帝的旨意基本以康有为奏折的思想作为蓝本，只是将对淫祠和寺庙的范围进行了重新界定。如果说康有为的思想还有较强的儒家思想观念烙印，则光绪皇帝的改革显得更加宏观，似乎表述也更加温和，实际是要将乡村社会的共有资产庙会公产用于兴学，这也涉及国家与地方、中国传统乡间社会组织公私之间的财产与权利关系的变动问题。在以"祭祀"为核心的礼仪活动中，朝廷强调的是礼制，而民间通行的是各种风俗，掺杂着佛、道及神、鬼信仰。乡村社会共有的习惯，村落的神祠、会馆、宗族、合会等社会组织涉及整个村落社会的构造。光绪皇帝强调了改革对象中的祠庙是不在祭祀作用范围之内的，还包含神祠、会馆、宗祠等民间共同体的财产。对乡村社会共同体的共有资产，不论目的为何，多少意味着对国家与地方、民间社会公与私之间关系的重新解释和定位，这是那个时代变革的缩影。与戊戌变法期间其他政令不畅通的情况一样，即便是皇帝的意志也并未能引起各省督抚的足够重视。庚子后重新开始的改革，在很多方面其实继承了戊戌维新时的政策，作为变革政治的先决条件，以建立近代学制为中心的教育改革迅即在全国展开。

## 二、士绅出资：社会新阶层的教育诉求

晚清以降，以魏源、龚自珍等开明的中国知识分子"睁眼看世界"为起点，提出"师夷之长技以制夷"的思想，主张学习西方先进的科学技术以图富强，走"兴学"之路。这样的思想除了在地方开明官僚层面得到呼应外，那些最能感知近现代化冲击的地方士绅也对兴学重教师夷制夷的理念做出了回应。除了支持政府的庙产兴学外，大量的士绅也力图通过经费供给影响学校教育，通过经济影响力扩展自己的政治和

社会地位，同时实现富家、强国的抱负。

### （一）绅权的施展

《布登勃洛克家族》中描述的家族在获得经济地位后，子孙后代分别开始家族和个人的转型，努力获取政治影响力和文化影响力。[1] 这样的故事也发生在了聚奎学校创办的初期，这个时期的士绅阶层开始从资本权力向政治权力和文化权力领域扩展，兴办教育便是其中重要的方面。清末民初时期，大量的士绅通过将经济权力扩展到政治和文化领域的方式，使得绅权进一步增强和丰富。当时的国家治理结构中，士绅阶层在基层社会的治理上有着非常大的发言权，他们在某种程度上不仅仅控制着社区的经济命脉，更控制着文化和政治领域的诸多权力。学校作为一种实体和象征的文化存在，是展示与扩展绅权的重要途径，这些士绅必然要积极参与其中。清朝政府在推行变革新政期间，国力亏空，无力支付推行新政举办新学的各种费用，办学经费问题始终困扰着尚在襁褓中的新学。于是，清朝政府鼓励绅士广设小学堂裁节官中不急之费。1904 年清政府即开始奖励民办学堂。士绅阶层响应朝廷开始办学兴教，在这个过程中他们积极与行政权力结合，逐步扩大自己的影响力。到1907 年，中央政府又将奖励办法进行了细化和具体化，如规定："士绅有办理初等小学堂十处、教育学生五百名以上者，派为绅士长，得享一切绅士权益；办理二十处以上者，请旨奖给"乐善好施"匾额。"[2] 办学兴教的行动满足了士绅扩大和保持社会资本的愿望，给予了经济优势阶层扩展自己权利空间的窗口，这无疑对士绅具有相当大的吸引力。

除了这些主观原因，当时乡村社会的治理和权利结构状况也让士绅有机会进一步控制乡村社会。清朝末期的中央政府已经无力把触角伸向乡村社会，而乡村社会也越来越对这样一个无能的朝廷统治失去信心。

---

① ［德］托马斯·曼：《布登勃洛克家族》，傅惟慈译，译林出版社 2013 年版。
② 《议定强迫教育办法十款》，《中国日报》1907 年 4 月 3 日。

乡村社会的管理权与皇权已经严重疏离，士绅阶层处于二者中间。皇权急需寻找代理人管控乡村社会，乡村社会也需要一种集权的力量来治理。于是，士绅被推到了历史舞台的中央，成为乡村社会治理的中坚力量。绅权在乡村治理中取代皇权或者与皇权的结合依靠着两个基本的先决条件。首先是对资源的垄断，其次是提供必要的利益。士绅阶层掌握着乡村社会的经济命脉，这些经济命脉衍生出大量的就业机会，为普通民众提供了生活来源。这恰恰满足了绅权施展的两个经济条件。士绅阶层广阔的社会关系中还蕴藏在官僚之中，士绅的父兄子弟、同窗、姻亲等等都有大量的人入仕为官，这也为其奠定了重要的政治基础。除了经济资本和社会资本上的优势，长久以来士绅阶层还形成了文化和心理上的优势，普通民众似乎很容易地认同了绅权的影响和控制。在清末新政重教兴学的过程中，清朝政府意识到了绅权在乡村社会治理中的地位和作用，也意识到"中国疆域广远、人民繁庶，仅恃地方官吏董率督催以谋教育普及，戛戛乎其难之也"。政府承认只有"借绅商之力以辅官之不足，地方学务方能发达"①。于是清朝政府加紧了鼓励士绅兴学的政策推行，在 1906 年下令各地成立教育会和劝学所，以"借绅之力，以使地方学务发达"②。

在聚奎学校创办之初，地方的团练起到了积极的推动作用。团练制度的产生是出于地方平叛反乱之用，始于当时白莲教起义。最早的团练是作为作战和管理方法而出现的，它以村为单位修筑武装工事与堡垒，村民都要进入堡垒，并将物资储存。白莲教无法获得物质特别是食物，经常陷于疲劳饥饿的状态。此时，堡垒中的战斗人员伺机发动攻势，轻而易举就获得了胜利。因此，团练本身是一种作战战术。但是在团练组织过程中需要与地方的人员、物资管理相联系。比如每个团需要掌握辖

① 舒新城：《中国近代教育史资料》上册，人民教育出版社 1962 年版，第 357 页。
② 清学部：《奏定各省教育会章程折》，《中国近代教育史资料汇编》，上海教育出版社 1993 年版，第 247 页。

内强壮男丁的具体人数，建花名册，招募兵丁。这些兵丁招募以后还要加强训练和管理，形成一定的组织能力和战斗能力。白莲教运动偃旗息鼓后，团练肩负起了当地监督和治安的职责，并且逐步发展为地方官员、士绅和曹老们共同管理的体制。由此团练就从战术方法发展为地方管理及民兵制度。在白沙士绅中，团练的角色亦是非常重要的。团练与地方士绅的关系异常密切，特别是在剿灭乱匪的过程中团练接受了来自地方士绅的大力支持，甚至很多团练中的骨干力量本身就是出自士绅。士绅在地方上有着强大牢固的经济地位，但是却只能作为一种幕后力量影响地方发展，这使得他们的影响力大为受限。为了进一步扩展经济影响，获得更加强有力的政治和社会地位，士绅们纷纷涉足除了经济领域外的其他领域。当时白沙的两大家族即邓家和夏家便分别选择了不同的领域试水，夏家率先进入军政界，在军事组织中获得了较高地位，而邓家却在教育和文化领域中独树一帜。

### （二）精英的抱负

士绅阶层属于社会的精英阶层，有着灵活的头脑、丰富的资源、开明的思想，属于社会中较早开化和接受新思想的一批人。他们既受传统儒家富而教化思想的影响，也受国家内忧外困局面的影响，主张要通过教育实现自己宗族繁盛和国家富强的抱负。宗族历来为中国传统社会所重视，逐步形成了关于宗族的文化观念、组织机构、礼仪制度和管理方式等，成为上位于家庭组织的一种社会单位。哪怕是在清末时期，宗法伦理的文化观念受到商业文明的冲击，然而宗族内部反而形成了更加紧密、更加实际的联系。宗族越来越依托商业组织和商业活动而存在，而宗族教育也在其中不断转换着形式。宗族的族长们越来越意识到宗族兴盛的长久之计在于宗族的教育。安徽祁门《彭氏宗谱》中就规定："子孙始习业而无力者，由户报明，助钱四千文，备置铺陈。"闽粤商帮中，有的商人宗族也有这样的规定："凡年十三以上二十以下愿习艺者，先助拜师费一千，衣被费二千，艺成后另助谢师费三千，董事确查支领。"[1] 宗族的青年一代肩负着振兴的重任，青年一代能否光耀显达扬名显亲是整个宗族的希望所在。而对于中国传统社会而言，学而优则仕才是家族荣耀至高的追求，家族的荣耀只能通过读书仕宦才能获得，即使从商以致巨富而无名秩，仍然不算显祖扬名。[2] 因此，宗族中的长者往往在获得经济利益后，在宗族衣食无忧后，力图让青年族人专心读书，学优则仕，从而实现宗族作为社会精英阶层的抱负。于是，士绅们纷纷投资兴学，通过直接增加经费、购置学田等形式兴办了各式的教育机构。他们还在祭祀用的宗族祠堂内开始私塾、家塾，聘请名师，招收宗族子弟。这些士绅也深知教育氛围的重要性，独学无友不利于增进教学效果，于是便资助宗族外的家丁、佃户子弟进入私塾读书。还有的士绅也对地方的官学进行了不同程度的资助。

当然，这个时期的士绅积极地推行新式教育，不仅出于他们狭隘的宗族意识和商业利益，也是出于他们心存家国天下的忧国忧民意识。士绅阶层并非完全是自私自利的商人品性，他们也有着很强的社会责任感。特别是清末国家内忧外患的形势，已经让这部分人意识到救国图存的责任重大。当时进步思想中的教育救国理念影响到了他们，教育救国思潮在进步士人当中有很广阔的受众。黄炎培在自述中说自己 1903 年开办川沙小学堂是受了其师蔡元培救国理念的教育："中国国民遭到极其痛苦而不知痛苦的由来，没有能站立起来，结合起来，用自力来解除痛苦。你们出校，必须办学校来唤醒民众。"[3]

近代以来，白沙经济结构的变化导致了白沙传统士绅出现了分化，特别是出现的新的社会层级类型。这些新型的士绅很多不是依靠传统的封建农业经济积累和传统商业模式起家，他们其中的很多人已经成为市

---

① ［日］多贺秋五郎：《宗谱的研究》（资料篇），东洋文库 1960 年版。
② 陈其南：《明清徽州商人的职业观与家族主义》，《江淮论坛》1992 年第 2 期。
③ 黄炎培：《八十年来》，文汇出版社 2000 年版，第 66 页。

场运作的操盘手，具有了参与近现代经济活动的能力。因此，他们的文化和教育观念也已经区别于传统意义上的士绅，是兼具新旧文化观念、兼受新旧教育的复合型士绅。他们已经部分地跳出了传统文化和教育观念的束缚，跳出了一己和一家的范畴，把眼光投向了更为广阔的普及式的乡村教育。面对社会和国家的形势，他们主张改革办学方式，调整教育内容，发展新式学校，并自觉承担起了发展新式学校的责任。他们不仅投入资金，很多人甚至身体力行，亲力亲为，担任学校的校董、校长和教师，是一批真正办教育的人。在这样的热情下，很多商品经济发达的地区士绅兴办的学堂和新式学校在数量、质量和增长速度上都超过了当地的官办教育机构。

这样的情形也发生在了繁荣的长江水驿——白沙。商品经济的繁荣加剧了白沙社会的近现代转型，社会风气、思想观念、生活模式、社会结构及其治理都在发生着变化。盐业和航运的发展带来以邓家、夏家和陈家为代表的白沙士绅阶层逐步壮大，如邓家家族的影响力甚至超出了重庆和四川的范围。这些士绅是有着传统性和近现代性的复合型士绅。他们追逐家族荣耀，也承担社会责任；他们注重商业利益，也关心国家大势。他们积极倡导新学，资助地方教育。他们在家族发迹以后，纷纷对子女的培养倾注了很大精力，他们的第二代子女都接受了较好的教育，有的进入北京的高等学府，有的甚至出国深造。同时，这些家族中还存在着封建儒家思想的内核，如学而优则仕、多子多孙多福寿、修身齐家平天下等等理念。这些家族的族长既是商业帝国的领袖，又是家族精神的偶像。他们已经取得了财富上的积累，接下来他们需要进一步的扩大和巩固，更为重要的是他们开始追求除了物质生活之外的享受和想法，有了更加丰富更加宏大的抱负。因此，举办学校成为他们实现抱负的重要途径。特别是当时政府昏聩、经济式微的状况，使得这些士绅精英们把更多的注意力转移到了文化和教育上来。聚奎学校的创办也成为白沙精英们实现其抱负的机遇，他们纷纷涉足其中，促成了对于白沙和他们个人来讲都意义重大的教育行动。

作为一种重要的代际传递方式，宗族教育为近代以来士绅商人所重视，因为宗族教育往往是士绅阶层保持其社会精英地位的重要途径。宗族是中国传统社会组织的基本单位，明清之际，宗族势力越来越强盛，以宗法伦理为核心的宗法观念深入人心。对于明清商人来说，他们无论行贾何地，都曾不同程度地得到宗族精英团体的支持。士绅阶层希望其族裔能专心获取功名，进而成为社会精英，扩大宗族精英的规模与影响，维护宗族利益，完成光宗耀祖的人生理想。因此，士绅源源不断地为宗族购置义田，增加宗族学田的数量，使宗族有充足的学田收入来兴办各种学校，在祠堂内设家塾、义塾等，延请名师来教育族中子弟，普及族人教育。此外，宗族教育水平的提升将有助于实现"学优则仕"的精英转型，经济、政治和文化上相互加持，无疑能更加巩固其精英地位。所以尽管不少商人不同程度地资助地方官学或书院，但出于深深的宗族情结，他们更多、更普遍的还是资助宗族教育，从而使他们重教兴学的行为深深打上宗族的烙印。强烈的宗族使命感和精英抱负使士绅十分注重对教育的投入，这也在客观上推动了社会教育发展。

## 三、官方与民间的教育互动

### （一）客观上促进互动形成

在图强图存的意识引领下，在传统核心文化教育理念的凝聚下，清朝政府的官员和地方上的士绅阶层达成了一致。他们愿意在兴学重教的旗帜下共同施展各自的能力，实现各自的想法。在白沙镇，县衙和团总作为国家力量的代表与邓家为首的士绅结成办学的同盟。

白沙的士绅阶层以商业活动为主，特别是盐业和航运业造就了一批富足的士绅，其中洪顺祥盐号便是由邓家创立并成为白沙商业活动和士绅阶层代表。清咸丰二年（1852），太平天国起义军攻克武汉，淮盐西运受阻，湘鄂皆淡食，清廷急调川盐济困。由于战乱，大量盐船困于三峡夔门，无人敢于出川。邓石泉看中这个机遇，在重庆开设"洪顺祥"盐号，带领盐船出川，运盐东下，一去数年，杳无音信。直到老母亲的眼睛都快盼瞎了他才回来，同时带回来的还有在刀丛中往来贩运赚得的巨额钱财。邓石泉此举就是他以敏锐的眼光看准时机，再以过人的胆识作为高风险投资，从而取得了丰厚的回报。邓家振兴后，邓石泉不像一般暴富人家那样，沉湎于斗鸡走狗、声色犬马，却与白沙团总张元富多次磋商如何发展白沙的乡间教育。他们多次到访宝峰，在山林间交流思想，探讨白沙教育发展的问题。宝峰原本是白沙镇一片僻静茂密的山林，因为兴盛而得寺庙青睐。明代开始，这里就建起了川主庙和宝峰寺。由于白沙镇的经济命脉系于长江航运，这里的人们也常常在寺庙中祈愿祝福，希望风平浪静水运兴旺。因此，宝峰寺和川主庙香火非常鼎盛。同治七年（1868），宝峰寺的主持不守清规，乡人于是将其逐出宝峰寺并在寺庙基础上办起了义塾。重庆开埠以后，白沙的商品经济更加发达。作为川西、川南及贵州通川东的水运要冲，白沙的经济迅速发展扩大起来。然而，与白沙经济繁荣形成对比的是白沙的教育异常落后，江津的几所书院如几水、育才、华峰等均在下半县境内，白沙无一可用的教育机构。经济发展人口汇集需要兴教化满足需求，另一方面白沙的政府也觉得没有书院而脸上无光。其实，在聚奎义塾初办之时便有镇上的有识之士看中了黑石山这块兴盛之地，已经在筹划兴建书院。白沙的团总张元富因为与盐商邓石泉私交甚好，两人经常外出郊游，其中就多次到黑石山和宝峰寺。张元富认为这寺庙侧面空地幽静宽敞，非常适合读书，邓石泉也认为此处非常适合修己求知。山对面的马鞍双峰，峙立如文笔。他们都认为这个地方兴学办教一定会文风昌盛。

里人张元富总团务，常与邓清涟出游，相其处，谓寺旁隙地幽广，宜作读书之所。马鞍双峰当前如文笔，兴学文风必盛。归而为之提倡。同治九年，成立聚奎义塾。聚奎亦元富所命名。[①]

团总与士绅在兴办教育的话题上一拍即合，邓家也顺利地获得团总的首肯而牵头兴办书院。双方就各自的意图达成一致，聚奎学校得以进入创办的操作阶段。之后，这两个人又分别多次商议如何发展这一想法。团总是地方自治的民兵组织头目，带有半官方性质。张元富提出的兴建书院与盐商邓石泉的积极响应促成了聚奎书院创办的源头。作为地主阶层半官方性质的团总在聚奎书院的创办中一直处于发起和鼓动的姿态。兴建学校的想法在同治九年（1870）以张元富命名义塾为"聚奎"而正式进入操作阶段。张元富未曾打会集资，也未曾提请上报，却先以"正名"的方式开始了创办书院的步伐。这与封建知识分子遵从孔子"名不正则言不顺，言不顺则事不成"的信条相关。正是在这次征名活动以后，张元富开始发动乡绅商人打会集资。打会，又叫请会，清人傅崇矩在《成都通览》中解释请会含义时，说是"集资筹款也"。并具体叙述请会的过程："成都人筹款有请会一法，系约合亲友，集资为众，出资多少，以名次先后定之。"张元富的这次打会集资集得银3600两。同治十三年（1874）春，书院开始建造书院房舍，由张元富主持其事。修建一年后，第一次集的经费全部用尽。富商陈宝善又捐银1000两，书院才得以继续施工。不久，张元富去世，书院的工程刚刚完成一半。但是缺少了张元富作为官方的推动，聚奎书院的建设经费无着便宣告停顿，这一停顿便是五年。五年后，江津新任知县国璋大力支持教育发展，书院工程得以恢复进行。国璋与聚奎书院也有很多机缘巧合，光绪三年（1877）时他便以盐务官的身份来到白沙。此时的聚奎书院已经停建，邓石泉带他到书院工地查看。当问及停建原因是经费之时，国璋

---

① 《聚奎史稿004》，重庆江津档案馆，第J003号全宗0001号目录00170001号卷。

不免叹息。这时，邓石泉半开玩笑地说："如果将来你任江津父母官，希望你多多扶持啊！"国璋结束盐务事宜离开白沙时，邓石泉又送他到长江边，再三请求他把修建书院一事记在心上。不久，国璋居然果真被委派到江津任知县，但是刚到任就离职。光绪五年（1879），国璋再任江津知县。想起当时与邓石泉的约定，国璋一上任便想办法推动书院的建设进程，他亲自为书院的劝募著文：

> 余不敏，少好会文，及壮，官蜀。每莅一邑，常扶旧书散篋以游……往岁客邑之白沙，闻里人旧置义塾，规模初具，徒以经费不充，淹寝至今。余乃规地乘基，因利顺情，欲兴百废，以斯文为倡。于是，有输田者，有输金者，不数月藏之。敦请名宿，慎选经事。颜曰聚奎书院，以志余平日嗜文爱士之癖衷，将以颖里江津也。①

知县作为国家代言人出面，起到了很好的集聚效应。商人士绅有感于国璋的诚意与见识，纷纷做出响应。国璋此次的劝募活动筹得了白银五千余两，足够书院后期建设费用。国璋不仅出面劝募，对于聚奎学院修建的工事也非常关心，亲自派出了监工来监督书院修建事宜。在这样一场官民互助式的筹款与建设后，聚奎书院的建设终于走上正轨，并在光绪六年（1880）修建完成，并于二月举行了释菜礼。在这场官民互助的兴校运动中，作为政府一方代表的团总和知县表现出对教育和文化事业的重视，这是传统思想中重视礼乐教化的优秀成分。同时，白沙作为一个商业化社区，孕育了以士绅为核心的阶层。这些人头脑灵活，眼光独到，也看到了教育对于商业运作和家族繁荣的重要作用。这两个阶层都表现出对教育事业的重视，也都积极地实质性地参与到书院的筹建

---

① 《聚奎史稿007》，重庆江津档案馆，第 J003 号全宗 0001 号目录 00170013 号卷。

过程。在参与、互动、互助的氛围中，聚奎书院的创建走上了正轨。

### （二）社区是主要互动空间

"社区"一词来源于拉丁语，是一个典型的社会学概念。社区有一定的地理区域和空间，社区由数量不一的人口组成，社区成员之间有共同的意识和利益，彼此间有着较密切的社会交往。从这个意义上来看，白沙水驿便是作为社区的形式而存在。学校所在的社区是指与学校具有某种互动关系和共同文化维系力的人类群体及其活动区域。学校所在的社区是一个人文区位，是社会空间与地理空间的结合，如村落、集镇、街道等；它的存在总离不开一定数量的人群，包含人口数量、集散程度、人口素质等；在这个社区成员，具有共同的利益、行为规范、生活方式、归属感等，这些构成社区人群的文化维系力；社区的核心是人们的各种社会活动及互动关系。①

从结构功能和系统理论的视角来看，学校是作为社区中机构、组织、制度和象征意义存在着的，它与社区之间密不可分。学校与所在社区之间存在着彼此之间的双向互动与合作。社区要向学校提供物质资源和文化理解，学校要向社区提供教育机会和文化服务。当然这些都是应然的良性的状态。要实现学校与所在社区的良性互动还需要通过很多途径来实现。对于社区而言，社区的成员要有积极的参与意识，具备推动学校与社区互动的能力，能够为学校在社区中的成长提供资源支持和文化理解。对于学校而言，要善于利用传播手段和沟通渠道，塑造学校在社区成员中的形象，发挥其在社区中的功能。学校还应该通过类似于公共关系的手段与社区建立良好沟通。"学校公共关系的管理具体包括许多内容，如学校内部公众之间关系的管理、学校与社区内政府机构之间关系的管理、学校与社区内的赢利性组织如企业之间关系的管理、学校

---

① 楚江亭：《论特色学校创建中的公共关系管理》，《北京科技大学学报（社会科学版）》2009 年第 3 期。

与社区内的权力机构关系的管理等等。"①

聚奎学校总是处于一定的社区空间之中，这个社区空间就是白沙镇。白沙镇上的水驿码头、商街店铺、市井人家和社会活动等组成了聚奎学校存在的社区。聚奎学校与白沙镇之间存在着千丝万缕的联系。无论是学校创建还是运行，如果没有社区的参与，学校将几乎不能生存。依据现代教育理念来看，"一个高效运作的学校需要广泛的社区支持，这种支持来自于那些熟悉并热衷于学校教育的社区"②。只有社区居民积极、有组织、系统地参与学校管理，并进行客观评估，学校才能发现问题所在，从而解决问题，取得发展。由于参与学校工作，"社区公民才得以获得关于学校的第一手材料。他们可以提出问题、获得信息、表达观点、提出建议、对有争议的问题提出自己的见解。不但可以更好地了解学校对其子女的现在和未来都提出了哪些要求，而且也可以为当地政府机构及关心教育和公众福利的社区组织之间提供密切合作的机会。一般来说，这有助于促进社区对教育加大投资，促进学校和社区融为一体"③。一般来说，社区对学校的功能主要有：第一，供给功能。社区不单为学校提供物资、经费、观念、文化、受教育对象等多方面的供给与支持，还为学校提供各种生活必需品以及校外学习、社会实践的场所与设施。第二，介入功能。学校所在社区中既有直接的学校活动介入者，也有潜在的参与者，特别是学校重大决策中需要社区的广泛深入的介入。因为学校要从社区获取资源，如果其决策得不到社区的支持，那么这些决策的推行必然阻力重重，或者即便推行也事倍功半。同时社区还会隐性地介入学校的教育活动，影响学生的培养。第三，评价功能。

---

① 黄崴、王晓燕：《学校与社区关系及其改善策略》，《教育科学》2006 年第 5 期。
② ［美］杰拉尔德·C.厄本恩等：《校长论》，黄崴等译，重庆大学出版社 2004 年版，第 201 页。
③ ［美］唐·倍根等：《学校与社区关系》，周海涛译，重庆大学出版社 2003 年版，第 16 页。

学校管理的好坏、学生质量的优劣、学校发展水平等，都是社区公众所能耳闻目睹的，由此社区公众就容易形成对学校的办学状况、发展态势、教学、科研等的情况作出明确的评价。①

聚奎学校自诞生之日起，便深深地扎根于它所在的白沙镇，这种地缘关系使学校与社区之间的合作与互动成为可能。无论是从起初的庙产兴学，还是之后士绅们的慷慨解囊，都让这个学校与社区紧密地联系在了一起。这里的学校并非完全是国家政权的延伸，而是社区人的寄托和组织。聚奎学校存在和发展的空间是由白沙镇这样一个以镇为单位的社区创建的。由于白沙镇是一个因水驿而兴盛的商业码头，它不同于以传统村落为主要形态的社区。学校所在的社区是一个商业镇，这样的商业镇比村落在空间上更大，人员、资源和信息的交流更加频繁紧密。从这样一个社区中生长出来的学校，必然是根植于这社区中的土壤。

1. 获取资源

无论是庙产兴学还是捐资办学，聚奎义塾从诞生之日起就紧紧与社区的资源状况链接了起来。由于当时清政府政势衰微、经济不振，义塾的建设无法从国家层面获得更多的资源支持。于是，白沙镇社区中的宝峰寺和川主庙成为义塾创办最初的源头。之后学校又陆续获得了来自县一级政府的土地支持。当然，最主要的经费来源还是士绅阶层的捐赠。

同治九年（1870）聚奎义塾设立。随即士绅程瑞亭、刘熙亭等二十余人集资白银3600两，作为聚奎义塾的办学基金。三年后的同治十二年（1873），聚奎义塾的首事刘齐均、邓清涟请示知县批准，以白银300两遣散了宝峰寺的僧人，并将宝峰寺作为永久校地。同时，购得周围马家塃、二郎石、白瓦房三处田土，每年收租30石，钱十余串。光绪六年（1880）当时的义塾已经开始向书院转型。江津县衙差役梅魁犯法，家产被没收，郑家坡田业年收益46石与白鹤井田业收益40石作

① 楚江亭：《论特色学校创建中的公共关系管理》，《北京科技大学学报（人文社科版）》2009年第1期。

为书院校产。除了田产和土业外，同治十四年（1875），张元富主持书院修建资金出现缺口。白沙盐商陈宝善捐白银1000两。然而，不久之后张元富去世，校舍仅完成一半却不得不停工。这段停工的时间长达四年，四年过后知县国璋与邓石泉才开始向当地富商募捐。这些富商都是在白沙镇从事盐业、航运、酒业等。白沙繁荣的水驿便利为聚奎学校初创奠定了充足的资源基础。当时的地方士绅也是为学校的初建大力出资，在孙起山、王恒生和邓石泉等的号召与带领下，白沙和江津士绅纷纷解囊，捐赠情况如下：

表3　聚奎义塾创建时的士绅捐赠情况①

| 捐赠人 | 捐赠内容及数量 |
| --- | --- |
| 孙起山 | 捐银一百两 |
| 王恒生 | 捐银一百两 |
| 邓石泉 | 捐银九十九两六钱一分 |
| 饶松山 | 捐银九十九两三钱一分 |
| 尹宜之 | 捐钱九十六两三钱六分 |
| 张华煊 | 捐银九十三两四钱一分 |
| 刘海清 | 捐银七十两 |
| 国子达 | 捐银五十两 |
| 段步瀛 | 捐银五十两 |
| 周聘侯 | 捐银四十八两六钱一分 |
| 刘联壁 | 捐银三十五两七钱三分 |
| 刘敬齐 | 捐银三十五两七钱三分 |
| 江海山 | 捐钱三十五两七钱三分 |

① 《聚奎史稿007》，重庆江津档案馆，第 J003 号全宗 0001 号目录 00170013 号卷。

续表

| 捐赠人 | 捐赠内容及数量 |
|---|---|
| 何庆堂 | 捐银三十五两七钱三分 |
| 周太长 | 捐银三十五两七钱三分 |
| 邱煦齐 | 捐银三十五两七钱三分 |
| 邱云芳 | 捐银三十五两七钱三分 |
| 陈昌禄 | 捐银三十五两七钱三分 |
| 罗　瀛 | 捐银二十九两五钱 |
| 程倬云 | 捐银二十四两八钱二分 |
| 罗炳章 | 捐银二十两 |
| 刘春林 | 捐银十九两三钱二分 |
| 何颜氏 | 捐谷三十石 |

### 2. 文化互涉

雅斯贝尔斯说:"教育依赖于精神世界的原初生活,学校不能完全独立,它要服务于精神生活的传承。"① 而这种精神生活必然是以实实在在的物质生活为寄托的。聚奎学校与社区或者更大范围内社会的关系在其之后的办学中体现了积极的作用。学校奉行的以社会为学校的理念在实际中发挥了很好的人才培养的作用,学生积极参加社区劳动参与社会活动,在与社区和社会的交流中获得了书本知识之外的体验和感悟。学校能在社区中起到宣传、传播先进文化,提高整个社区居民整体素质的作用。学校是文化教育的主阵地,教育的基本功能之一就是传承、传播文化。同样是在重庆,与聚奎较之办学稍晚的平民教育实践便是很好地体现了学校文化功能。晏阳初在重庆,梁漱溟在山东、江苏分别在农村进行了相当规模和时间跨

---

① ［德］雅斯贝尔斯:《什么是教育》,邹进译,生活·读书·新知三联书店1991年版,第44页。

度的教育实验活动。梁漱溟认为，中国的问题在于严重的文化失调，在他的乡农教育实验中，把宣传优秀传统文化作为最重要的教育内容。晏阳初所推行的文艺教育、生计教育、卫生教育以及公民教育这"四大教育"中，核心是提高农民文化水平。还有如陶行知等一批教育家纷纷开展此类教育办学活动。这类活动不仅仅只把学校当作教育教学的场地，而是把学校作为一个文化的传播器，把教师当作传播者，实现传播文化改造中国乡村社会的目的。从聚奎学校被创办的时刻起，学校在社区中的作用也被凸显出来，学校成为社区文化的重要传播机构。不仅仅是新式学校作为新生事物给社区教育观念带来冲击，学校中蕴藏的文化也被传播到社区，成为社区成员观察外界了解世情的窗口。比如学校在江津最早使用电灯和引进发电机，让还在以灯油和蜡烛为照明工具的白沙人第一次近距离接触了现代工业文明为生活带来的便利。聚奎学校还在江津最早放映了无声电影，在江津举办各种展演和文化互动，让学校真正成为社区中的文化旗手。

　　学校空间与社会空间两者除了有形的围墙外没有严格的界限，教育活动与社会活动除了范围和形式上的差别外没有本质的区分。把学校与社会联通，在两者之间建立良性的互动与互涉关系既是促进人全面发展的需要，也是教育活动本身社会属性的回归。"教育是极其严肃的伟大事业，通过不断地将新的一代带入人类优秀文化精神中，让他们在完整的精神中生活、工作和交往。"① "人所生存的外部环境是人的精神生活的决定性因素。人的精神生活，即内心世界是否丰富，取决于他同周围世界的实际关系是否丰富多彩，取决于他同自然界和其他人的相互作用的内容与性质。"② 因此人的教育与发展过程也必然要注重于外在世界的沟通。杜威尝试过建立一种理想的学校，这种理想的学校以更系统、更扩大、更加明智和更适当的方式去做大多数家庭由于各种原因只能以一种比较简单和偶然的形式去完成的工作，学校的任务，就是加深和扩展它与社会生活相联系的价值和观念。

---

① ［德］雅斯贝尔斯：《什么是教育》，邹进译，生活·读书·新知三联书店1991年版，第45页。

② 《苏霍姆林斯基选集》第一卷，教育科学出版社2001年版，第298－299页。

　　学校是一种社会存在，也是一种文化存在，有着文化的特殊结构和功能，肩负着除了教育责任之外的文化和社会责任。但凡是有成就的学校，其生存和发展必然摆脱了仅仅是适应环境的单向活动，而走入了一个与社会、社区环境进行互涉的双向活动。学校与社会社区之间无时无刻不在进行着资源、观念、信息和文化的交流互动，学校也只有在办学目标、教育理念、教育内容和培养方式等方面与外部环境保持着良性互动才有可能取得理想效果。聚奎学校成为外界文化影响白沙镇的传感器，学校恰是在引领白沙镇的文化发展中逐步成长和成熟的。白沙也为聚奎学校的发展提供了资源保障，并对文化影响产生反馈，让学校不断调适，从而走上良性发展的道路。

　　聚奎学校的创办是社会背景和时代潮流影响下的产物，是清末社会转型所带动的官民互动式的教育活动。清末的中国社会内外交困，处于政治、经济、文化和教育崩溃的边缘。即便是在这样的情况下，在官方和民间还孕育着教育发展的正能量。恰逢开埠和维新运动的发展，政府和士绅两股力量达成一致，戮力同心，兴办起了聚奎学校。在这次的教育互动中，社会转型成为推动学校创办的根本力量，而官方利用其政治上的优势地位发起了活动，引导民间士绅阶层的资源优势，合力促成聚奎的创办。创办后的聚奎学校深深植根于所在的白沙社区，与社区进行着资源和文化的交流与互涉。

# 第三章

## 学校转型：制度赓续与文化嬗变

在思考现代学校教育的发展变革历程时需要结合民族—国家形式在中国的命运，以及民族—国家意识形成中社会阶层的文化态度和行动。中国对民族—国家范畴内学校教育制度的模仿是从我们的近邻日本开始的，这种模仿是一定的积极开放态度，具有一定系统性和适应性。那些消极、零散和遮遮掩掩的模仿在清末新政出台后转化为了壬寅—癸卯学制，成为我国确立近现代学校制度的重要标志。有人把模仿日本而确立的壬寅—癸卯学制说成是一种完整的引进，其实不然，清末民初教育改革以及学校教育制度的确立不仅仅是宏观制度和学校组织形式在称呼上的变化，其实在学校内部也发生着很多转向与自我建构，甚至在某种程度上是舒新城所说的"以其人之道还治其人之身"①。

## 一、从院外到院内：自下而上的制度构建

### （一）利益集团及院外活动

1. 学校的利益相关者们

聚奎学校从 1870 年乡人公办义塾到 1880 年邓氏家族创建书院，先后经历了 1905 年的学堂改制和 1912 年的学校改制，至 1913 年正式建立了学校组织，采用现代学校的管理模式。学校自此也逐步在人才培养、校产经营和文化引领上取得了一定成绩。聚奎学校在 1913 年后经历了一段时间的混乱和不稳定，这一年是民国成立后的第二年，也是学校改制的第二年，

---

① 舒新城：《近代中国教育思想史》，中华书局 1928 年版，第 14 页。

这时的国家和学校都进入了一个深刻变化和调整的时期。1913 年 3 月，江津县第二届议事会召开，其中关于教育的议题就是县内学校的转制问题，聚奎学校被改为县立，称"江津县立聚奎初等高等小学校"。对于此时的聚奎学校而言，它所面对的内部局面和外部形势都是非常复杂的。学校创办以来积累了可观的校产资源和声誉名望，越来越多的利益相关者纷纷涉足其办学活动，力图分享学校利益。在国家和社会经历巨变后，资源和利益分配的格局也重新进行了调整，原有利益链条串接的利益团体被打破重列，新的利益团体得到整合。利益团体的重列带来了利益团体诉求和表达的变化，新的利益团体逐步形成了自己的组织架构（包括正式的和非正式的）、人员配备和行为模式，组建了各自的行动集团。

利益相关者是那些能够影响组织目标的实现，或者被组织实现目标过程影响的团体或个人。[1] 对于学校而言，它的利益相关者既包括学校创办伊始的出资人，也包括后期提供支持的资助人；既包括校内的教员学生，也包括校外的校友、学生家长；既包括政府机构，也包括商业组织。这些人通过对学校的资源输入、文化影响和情感牵连等方式影响着学校的发展，表达和实现着自己的利益诉求。利益相关者们在利益活动中组成了行动组织——利益团体，这些利益团体"是任何建立在享有一个或更多共同看法基础上，并且向社会其他集团或组织提出某种要求的组织"[2]。利益团体依靠着利益链条的链接而与学校发生着各种关系，这条利益链延伸的长度和链接的强度依赖于学校的价值特征，即依赖于学校所处的时间区间、空间位置以及所具有的文化品性和资源特质等。处于特殊历史和现实环境中的聚奎学校的利益相关者包括学校的股东、捐赠者、教职员工、校友、学生及家庭等，也包括政治力量、地方士绅、社团组织等压力集团。这些利益相关者与聚奎学校的生存和发展密切相关，他们为学校发展提供了资源支持，左右着学校的办学理念和方针，影响着学校所在的环境。

---

① ［美］爱德华·弗里曼：《战略管理——利益相关者方法》，王彦华译，上海译文出版社 2006 年版，第 55 页。

② David B. Truman, *The Government Process*, New York: Alfred A Knopf, 1951, p. 33.

聚奎学校的这些利益相关者及其团体包括邓氏家族、白沙镇乡绅、川东道署、江津县署、川黔系军阀、聚奎校友、教职员工、码头商会组织、学生家庭等几个主要部分。其中邓氏家族对聚奎学校倾注了大量的资金和情感，学校即是在邓家的扶持下创立的。之后邓家更是对聚奎学校资助有加，对学校的影响也愈加深厚，连学校的很多办学理念都直接来自邓家治家的理念。因此，可以说与聚奎学校关系最密切的利益相关者当属邓氏家族，邓氏家族与聚奎学校的利益相关关系不仅仅是资源的供给，还有很多是出于邓家家族感情的寄托和对于教化的看重。除了邓氏家族，白沙以及江津的许多士绅也非常重视教化，纷纷出资帮助聚奎学校发展。这些士绅一方面是受了邓家的感召，另一方面也是为了方便家族中子弟就读。因此，聚奎学校的发展也牵涉到了这部分人的利益。此外，当时四川和江津的各级各类政府部门也是聚奎学校发展的利益相关者，它们有的是关心聚奎学校的发展质量，有的是希望通过对学校的控制来加强对地方的控制，而有的却是觊觎学校丰厚的校产。特别是江津县署及其下属的教育部门对校产垂涎已久，竭尽全力通过各种手段力图占有之。校友和教职员工是聚奎学校发展最可依靠的中坚力量，特别是校友们在维护学校利益中不遗余力，多次挽救学校于危急。聚奎学校董事会的最终成立，很大程度上是校友会推动的结果。江津和白沙当地的行会组织和聚奎所在的社区也存在着大量的利益相关者，因为当地的航运、盐业、酿酒和屠宰等行业组织都分别通过捐赠和税费的形式或直接或间接给予聚奎学校以资助，学校在招收学生时通常也给予这些人的子女以优惠待遇。川东道署政府力图通过控制学校来加强对地区政治、经济和文化的控制，地方县署政府又迫于军阀派系势力抵制川东道署的相关决定。于是，黔军势力入川急于霸占学校经费和田产，邓氏家族冀望延续家族荣耀而维护学校秩序，校友们出自对学校的感情而力主学校应排除政府和军界控制，教职员工则是为了维护薪酬待遇等切身利益而希望保护经费不流失。这些利益群体的诉求有着各自的内容和形式，而且各自的表达方式也存在差别。在国家和社会形势的剧烈变动中，在利益驱动下，利益相关者们围绕着各自的诉求，展开了一系列表达活动。

其中，由于战事紧张军饷枯竭，黔军军阀急于控制校产和经费来补充军饷，这成为利益团体激烈交锋的导火索，从而引发了一系列围绕校长选聘的院外活动，导致了聚奎学校七年间八换校长，影响了学校的发展。

2. 校长人选：城头变幻

校长掌握着学校发展的核心权力，控制着学校的校产经费，具体操办学校的各项活动，处于学校办学活动的中心。因此，各方利益相关者和利益团体把角力的核心放在了校长的选聘上。从 1918 年开始，聚奎学校陷入了走马灯式的校长轮换。期间共有八人先后担任学校校长一职，其中"短命"的校长更是不曾上任便作罢。1918 年至 1925 年的七年期间，利益团体通过各种方式影响和决定校长的人选，在利益表达和力量拉锯的多个回合中，先后经历了八次变换。这个现象不仅仅在聚奎学校的校史中非常特殊，在整个近现代中国学校教育的变革发展中也非常极为罕见。

**表 4　1918—1925 年聚奎学校历任校长情况①**

| 姓名 | 籍贯 | 教育经历 | 在任时间 |
| --- | --- | --- | --- |
| 唐定章 | 永川 | 留学日本 | 1912.8—1918.2 |
| 夏风薰 | 江津 | 贡生 | 1918.3—1920.1 |
| 刁焕祖 | 江津 | 川东师范学堂 | 1920.2—1920.11 |
| 龚万材 | 江津 | 川东法政学校 | 1921.1 |
| 杨学渊 | 江津 | 成都外交专科学校 | 1921.2—1921.11 |
| 李星桥 | 江津 | | 1921.12—1922.12 |
| 李式如 | 江津 | 川东师范学堂 | 1923.1—1924.4 |
| 代坤垣 | 江津 | 川东师范学堂 | 1924.5—1932.1 |

虽然统计资料上可见的校长是这八人，实际上在这期间还有多位"夭

---

① 《聚奎史稿》，江津档案馆，第 J007 号全宗 0001 号目录 00170135 - 00170271 号卷。

折"的人选。从聚奎学校校史相关资料的记载中可以看到，1918 至 1925
年期间，围绕校长人选的确定可以说是朝令夕改，鲜有合适的人选可以调
和各方势力的"胃口"。除了早期的唐定章校长和后期的代坤垣校长之外，
其他校长均为"短命校长"，其中的李泽钿与邱鸿翔更是因为个人和外部
的原因没有上任。从 1918 年开始，校长人选的确定处于各派力量的拉锯之
中，四川省署和江津县署的任命经常自相矛盾，也多是朝令夕改，令学校
混乱不堪。这些变动具体包括：

1918 年 2 月 4 日，江津县视学刘策调走唐定章校长，委任罗元锟任
校长；

1918 年 3 月 8 日，罗元锟拒受委任，刘策又命邱富谷先行接受；

1918 年 3 月 13 日，刘策请委任夏风薰为校长；

1918 年 3 月 29 日，靖国军总司令部仍命唐定章继续主持校政；

1918 年 4 月 2 日，江津县署又令夏风薰接管校政；

1918 年 6 月 14 日，靖国军总司令部委任刁焕祖接任校长；

1918 年 8 月 3 日，刁焕祖请辞，学校由县署专员控制；

1920 年 1 月 30 日，江津县署委任夏风薰任校长，夏于是年十一月
病逝；

1920 年 12 月 19 日，江津县署委任代坤垣任校长；

1921 年 1 月 2 日，江津县教育会请另委任龚万材为校长；

1921 年 1 月 28 日，龚万材辞职，江津县署又委任李泽钿任校长；

1921 年 2 月 15 日，李泽钿拒绝担任校长，江津县署又委任杨学渊为
校长；

1922 年 1 月 5 日，杨学渊托词留学辞去校长职务，李星桥接任；

1922 年 12 月 30 日，李式如接任校长；

1923 年 1 月 30 日，劝学所派会计员邱既方来校接收校款；

1924 年 1 月 21 日，江津县视学李述勋请换校长，邱鸿翔任校长；

1924 年 2 月 9 日，江津县署撤销邱鸿翔任命；

1924 年 5 月 3 日，代坤垣继任校长；

1925 年 1 月 13 日，江津县署应王子嘉等人请求，委任何云龙为校长；1925 年 2 月 19 日，四川省署令代坤垣留任。

走马换将式的校长轮换反映了各派力量的变化、拉锯与均衡，其中的利益相关者们大到川东道署和靖国军司令部，小到聚奎学校的校友分会，既有江津的县知事、县视学，也有白沙镇的乡村士绅和普通校友。尽管他们来自不同行业领域，属于不同社会阶层，所施展的方法手段也大相径庭，但是他们在校长选聘中表现出来的行为都分明指向了他们在聚奎学校中的权利。囿于当时历史时期的认识水平，人们对学校权利的认识还非常局限。即便是处在这样的懵懂阶段，这些利益相关者们也敏感地意识到了以学校自主权为核心的权利系统。在这个权利系统中，关于校产的权利对于各方而言最具吸引力。那些居心不良的政客、军阀垂涎的是学校的经费和资产，那些关心学校发展的校友和开明士绅也把校产看作是事关学校命运的关键。因此，校长选聘的争夺和拉锯背后是对校产权利的争夺和拉锯。聚奎学校自创办以来校产和经费等丰沛有余，这得益于白沙镇作为长江水驿的发达的经济基础。加之聚奎学校的主要出资人邓氏家族理念开放且管理有方，学校的声望和资产盛极一时。因此，在校长选聘的整个事件中，争夺学校的自主权，特别是学校产的管理控制权一直是利益相关者们博弈的核心。校长频换以及背后的利益博弈带来了教学与管理上的混乱，学校很多正常的教育教学活动无法正常开展，更遑论远期规划的制定与实施。这段时间也成为聚奎学校发展的低潮期。1928 年的聚奎史稿上的一段话描述了这场纷争给学校带来的灾难：

> 校长易人，则在校生有百余人而减至六七十人，校运多乖，教务尤驰。办事者既非谙练来学者，遂失典型，纷扰其心，颓废其行，奄奄一息，无趋向之可言。

3. 院外活动此起彼伏

院外活动是一个政治术语，最早起源于英国政治生活。它是指英国议员在英国下议院休息室会见他们的选民和代表团，进行非正式的接触。院外活动后来逐渐演变成为选民与部长、政府官员们或者他们的顾问们见面的活动，在活动中大家陈述和交流个人的见解，并且寻求对法规制定过程和政府决策过程产生影响。通过院外活动，利益团体运用各种手段陈述自己的意愿，表达并实现自己的诉求。院外活动主要方式包括：一是通过私人关系的直接接触；二是代表某种特殊组织如行会、商会、宗教团体、校友组织等进行疏通工作的机构；三是为了某种特殊的目的而形成明确的目标集团；四是利用专业影响成为代表雇主利益的某类问题的参谋与顾问。学校利益团体的院外活动也大概包括了这四类。在校长人选的更迭中，学校的利益团体使出浑身解数，动用各种手段，频繁活动，影响最终人选确定，也最终导致了整个校长选聘过程的乱象。这些院外活动从 1913 年开始一直持续到 1925 年：

1913 年 10 月，聚奎校友会成立，先后就学的 5000 余名校友成为聚奎学校的重要影响团体，校友中升入高校的近千人，更有近百人留学国外。"凡聚奎校友所到之地皆有分会，故母校有故，痛痒相关，群起而营救之也。"校友会的成立也成为接下来影响校长人选更换的重要因素。此后，校友会进行了多次的募捐，亦成为学校经费的重要来源。

1917 年，黔军入驻江津，实际控制了江津的经济、政治和社会的发展。1918 年 2 月，黔军领导下的县教育会开始了控制聚奎学校的行动。首先，县教育会调走了由邓家推荐并且任职多年的唐定章。接下来，县视学刘策又按照教育会的意图宣布了罗元锟为校长。然而，罗元锟深知仅仅靠县教育会的委任令是不被聚奎学校所认可的，于是拒绝了任命。

1918 年 3 月 13 日，在罗元锟拒绝任命后一个月，教育会又委任夏风薰为校长。夏风薰是江津儒绅，曾经是同盟会员，与程德音一同策动了当时白沙盐防安定营响应辛亥革命，后又任民国《江津县志》协修。然而，他仍旧属于与黔军关系密切的派系，因此在校长人选中代表了黔军和县知事一方的利益。

1918年3月20日，校友会对教育会的任命不服，派出代表张树声等12人到川东道署指控此事，控诉教育会对夏的任命缺乏必要依据。川东道署令县知事查究。1918年3月29日，迫于道署压力，县知事撤销了夏风薰的委任，唐定章继续主持学校工作。同日，四川靖国军司令部发第956号指令，责成罗元锟恢复县视学一职，对于刘策的县视学任命"是何机关所委任，未据呈报核准，应查明呈履再予酌办"①。

1918年5月3日，四川靖国军司令部再发第3620号令，认为"夏风薰前次办学又无何种成绩可稽，（校长）仍由本部另予简员接办，新委未到前，准以夏风薰暂代"②。

1921年1月，县署委任龚万材任校长，校友会知晓龚万材是夏风薰所推荐，也是代表了黔军和县知事一派的利益。龚万材任职校长后，便谋求收交校款归劝学所管理，并减少教职工薪俸，削减预算，这引起了教职工和广大校友的不满。先是留在江津校友会张国灿和朱孝鸿等人抗议，在重庆校友会的万香涛和张代福等相继出面反对。1月2日，重庆校友会龚灿文等向川东道署和江津县署呈诉。这些呈诉是由校友会发起，人数众多，加之在两署中任职的校友以及其他关系，对两署的行政决定起到了重要的影响。龚万材深知聚奎校友和学校背后士绅的影响力，知难而退，托辞北京求学而离任。之后，校友会又通过联会、申诉和游说等活动先后抵制了县署对李泽钿和李星桥的校长任命。

1923年，李式如任校长，热心办学，颇受师生拥护。然而，县视学再次决定将校款提归劝学所管理，并直接派管款员来校接收，于是纷争再起。管款员控制着学校各种校产收入和外界资助，由于当时聚奎学

① 《四川靖国军司令部第956号指令》，1918年3月29日，重庆江津区档案馆，全宗J003目录0001卷宗0146000005号卷，第70页。

② 《四川靖国军司令部第3620号令》，1918年5月3日，重庆江津区档案馆，全宗J003目录0001卷宗0146000005号卷，第78页。

校的校产丰厚，校友和士绅资助众多，收入非常诱人。当时的劝学所就力图通过控制校长一职霸占校产，在未能得逞的情况下又转而争取管款员一职。学校将此事诉讼至川东道署和江津县署，两署最后裁定校款自理。校友与学校教职员工票选周常昭为管款员，劝学所未曾提出异议。

1924 年 4 月，周常昭去世，聚奎学校校友会和教职员工推举邓鹤翔等三人呈请教厅遴选委任，劝学所则另推廖世钦担任校长。校友会与教职员工联合在一起，开始了与劝学所争夺学校管款员的行动，最终确保了邓鹤翔任学校管款员的职务。然而，纠纷并未完结，劝学所争取管款员不成便呈县署委任何云龙为校长。

1924 年 4 月 27 日，李式如校长不断受到劝学所、县视学的指责，被迫辞职。5 月 1 日县署批复请辞，同时任命代坤垣继任，然而代坤垣也继续遭受劝学所与县视学的攻击甚至威胁。

1925 年 1 月，县人王子嘉等请另委何云龙为校长，县署任命何云龙为校长。留渝校友会校友邵文明以破坏学款进退失宜为由，呈省署请县署收回成命。

1925 年 2 月 4 日，四川省署电令江津县署维持代坤垣校长一职。2 月 8 日江津县署却又令白沙团局逼迫代坤垣交出校长职位，2 月 9 日县署再次公然反抗四川省署电令，直接令代坤垣迅速离职。2 月 14 日，江津县视学杨学渊会同白沙团局学务委员再次向代坤垣施压。

1925 年 2 月 17 日，代坤垣不得已快邮电呈四川省署和教厅请示办法，同时校友邵文明和夏代福等又联名呈四川省署投诉派系势力作怪妄图侵占校产。

1925 年 2 月 19 日，四川省教育厅发教字第 162 号训令，令江津县知事配合视学彻查校长更迭之乱，并指出"毋庸据行更替校长致起纠纷，切切此令"①。

---

① 《四川省教育厅第 162 号训令》，1925 年 2 月 19 日，重庆江津区档案馆，J003 全宗 0012 目录 000420100 号卷，第 116－178 页。

1925 年 3 月，四川省教育厅派视学黄理澄来校，了解问题症结所在，提出取消县立，改为私立（即恢复过去乡人公立的体制），成立董事会，负责管理校款以及学校事务。

1925 年 6 月 6 日，四川省省长赖心辉签署省署第 359 号令，"明确会拟校董会章程及校款管理细则，详加核阅，尚属妥协，准照行作为定案"①。

至此，聚奎学校的校长争夺战停歇下来。在整个混乱的期间，学校的各个利益相关者分别组成了自己的行动团体，为了伸张自己的利益诉求而开展了各种活动。这些院外活动影响到了学校校长人选的确定，这些团体的力量也因为社会形势和自身状况的变动而此消彼长，力量变化形成了院外活动的拉锯，最终导致了这场闹剧式的校长变换。

### （二）董事会制度治乱止纷

在获得四川省署的首肯后，聚奎学校便开始了创立董事会和董事会制度的进程。

第一，组建学校董事会。在此次董事会成员的遴选中，校友和教职工作为人数最多的利益相关者成为董事会制度化进程的主体，特别是具备一定社会地位和经济实力的校友充分表达了他们的诉求。这些人受早期办学的邓氏家族恩惠，对聚奎学校充满感情，他们参与学校董事会制度化进程几乎不掺杂其他政治和经济目的。此外，地方士绅作为当时中国地方治理的核心力量也参与和影响了董事会人选的确定。校友与地方名流推荐了十人组成董事会，邓鹤丹首任董事主任。1925 年 7 月 6 日，由聚奎学校创办人后裔、校友及学生家长中的热心教育、关心聚奎的人士组成董事会筹备处。1925 年 9 月 7 日，地方军政要员、白沙士绅、聚奎校友与学校教职员工选出邓鹤年、邓鹤丹、邓燮康、王政平、诸子

---

① 《四川省政府第 359 号令》，1925 年 6 月 6 日，重庆江津区档案馆，J003 全宗 0001 目录 014600000 号卷，第 198－212 页。

言、陈方联、程绍扬、周敦慧、卞文光、周先行等人组成董事会。除了邓家的三人之外，其他董事会成员也多是与邓家有联系或者是邓家大家族的成员，还有成员是具有较高社会地位和经济地位的聚奎校友。如诸子言是聚奎学堂的第一班毕业生，因商业悟性极高很快成为邓家"洪顺祥"盐号的骨干。他之后在同是聚奎校友的王炎和诸克涵的帮助下建立了自己的商业帝国，其业务从盐号扩展至酒厂、钱庄和银行，其影响也从江津扩展到四川的达州、自贡等地。诸子言热心教育，对聚奎学校更是大力支持，是除了邓家之外当时对聚奎学校捐赠数量最多的士绅。又如周敦慧，也名周新友，他是邓鹤鸣的外甥，早年跟随他父亲留学日本，后在学校担任学校事务主任。据聚奎学校早年的工作人员诸有材回忆，当年周敦慧日语流利且能体近教育生活，常常走到学生和老师中间了解他们的情况，并亲身投入到各类教学活动中。再如陈方联，他是聚奎学校的教师，为人正直且有着开放思维，担任聚奎学校的物理和化学老师。他在聚奎学校普及自然科学知识，并将这些知识进一步介绍到聚奎学校所在的白沙镇社区。他不仅仅经常公开做化学实验，而且在江津第一次引入了电灯、发电机等设备。陈方联勤恳始终，以校为家，在学校的各种活动中都以身作则亲力亲为。在学校教工诸友才的回忆录中写道，陈方联似"一味甘草，放在啥子药里都很相宜，而且增加了药的效力，真是了不起"。陈方联在1918年以后的学校风波中，先后三次离开学校，后又三度被聘回。除了上述的几位董事，其他董事也都是与聚奎学校素有渊源的政商人士。这些董事会成员热心教育，深谙经营之道，又有着雄厚的经济实力或者社会影响力，通过董事会制度，他们的作用和影响得以发挥。

第二，通过聚奎学校章程、聚奎学校董事会章程、校有产款管理细则等规定，最终完全确立聚奎学校的董事会管理制度。学校章程的作用在于界定学校性质，约定和阐述学校主体使命，界定权利、责任和义务，是具有法定意义的组织规程。聚奎学校的章程包括了名称、宗旨、校地、经费、组织、行政、课程、招生、学生费用、奖励、惩戒、考查成绩、入学手续和附则等十四个部分，涵盖了学校活动的各个方面。在学校组织和行政两章中明确规定了，董事会管理本校财产、延聘校长、教务、训育和各科教师等核心事务。聚奎学校的董事会章程尽管不像学校章程那般面面俱到，但却实质性地控制着董事会的人员构成和运行规则，进而深刻影响着学校。聚奎学校董事会章程共计十四条，并开宗明义地指出董事会目标在于协谋学校之发达永久巩固，董事会之权责在于管理财产、制定预算决算、选聘校长、定薪俸任期。除了明定宗旨和权责外，董事会章程最关键最核心的内容在于董事会成员选择上确立的五个标准：

第一，创办人后裔，是公正士绅，尚能继续维持本校者；

第二，住居本镇，是品学兼优曾有子弟在本校毕业者；

第三，虽非住居本镇，但由本校毕业，品学素为教职员及同学推重而有具有专门以上学职力，能维持本校者；

第四，为本校教职员继续至三年以上，热心教育，卓著勤劳者；

第五，特别捐助本校，谋推广进行者。

由此可见董事会的职责在于获取和使用两种核心的教育资源即经费和人员，但又没有具体而微干涉到教育教学活动，同时也预防了别有用心者染指学校核心利益。对于董事会成员的选择而言，在地缘上注重本土化，在学缘上注重承继性，同时又注重董事会成员对学校的贡献。至此，混乱止于规范，纷争止于制度。董事会制度让复杂纷乱的院外争斗转化成为条理规范的院内安排。以董事会章程为核心的一系列制度构建让聚奎学校的办学活动有章可循，也让学校排除干扰，更加专注于学生的培养与教育。董事会制度确立后，以邓氏家族为主的白沙人士接办聚奎学校，他们随即积极行动，订册募捐，并成立聚奎储蓄会，设正会六个，副会十八个，正会所得全部作为办学经费。董事主任邓鹤丹将临近学校的长石塔地产数十亩捐赠给学校，其他董事会成员和白沙士绅纷纷解囊资助学校。一时间，聚奎学校学资充盈，校产更为雄厚，关心聚奎学校发展的人士也越来越多。学校董事会明确了办学目标以完成国民教育，并授以生活必需之知识技能为宗旨，确立了学校发展的根本指导思想。同时，学校开始由董事主任和校长联名聘任教师，发给敦聘的关约，吸引了众多优秀人才到校任教。董事会制度促进了学校规模的发展，1922 年学校共计 8 个班 76 人，到 1925 年底的时候学校增至 12 个班，达到 249 人。教育质量也在董事会制度确立后稳步提高，到 1934 年高小会考毕业率达到百分之百，1940 年起聚奎学校的学生免于会考。

## 二、从态度到行动：见诸实践的文化转向

### （一）兼容并蓄的文化态度

聚奎学校从董事会成员到背后的支持集团再到学校的教职员工，大多数思想开明，理念先进。他们身处变革时代，在本土文化和外来文化的对冲中感受着时代的变迁。他们没有抱残守缺，反而兼收并蓄，以一种开放的文化姿态迎接着社会的进步。这样的文化态度也转化成了学校的文化态度，使得学校的人才培养具有了非常好的文化基础。董事会成员和支持邓家的集团中大多数是当地的开明士绅，他们亲身感受着时代变迁对于中国社会产生的冲击。他们是最早以实际行动呼应中国社会变迁的群体，他们中的很多人对文化转型和变革持接纳的态度，并且董事和教师中还有留学和在大城市中的学习生活经历，这更加促进了他们开放文化态度的形成。

聚奎学校的创办人邓石泉虽为商人，且幼时失学，几乎不能识文断字。然而，就这样一个在今天看来是"暴发户"的商人，却通过不断自学和读书，能熟读《汉书》《三国志》这样的史书。邓石泉重教化和文化，因此才有当时与团总合议共建书院的义举。在维新运动结束后，邓石泉仍旧关心新政，热心新文化运动。他有个习惯，即每日阅读《广

益丛报》。1902 年,杨庶堪与朱必谦等创办了《广益丛报》,目的是为了宣传民主思想,传递国内外信息。该报主要搜载全国各地报刊介绍西方科学、民主及国内问题等方面的文章和报道,并大力转载同盟会创办的机关刊物《民报》文章。在清王朝的封建专制下,该报敢于揭露腐败的政局,衰败的世风,宣扬学习西方、推行民主、发展实业、振兴中华的进步思想,推动了重庆革命形势的发展。《广益丛报》后为重庆同盟会支部机关报,持续办报九年,是整个西部地区近代报刊中出版时间最长的报纸。《广益丛报》是新文化运动的宣传阵地,其内容多是宣讲新文化和现代文化与传统中国文化和学堂中存在的文化迥异。邓石泉看到了新文化的优势,认为八股文、鸦片、女子缠足为中国三大害。他在家中命所有妇女都不缠足,在女校读书的学生如不缠足可获得坐上席以表示尊敬。对于白沙镇的妇女,如果不缠足则可以获得鞋子和布料作为奖励。当时邓石泉也效仿改革派留学的潮流,派出邓鹤丹留学日本。邓鹤丹在日本期间除了学习知识、感受文化外,还结识了一批思想先进、爱国图强的青年革命志士,陈天华便是其中之一。陈天华 1903 年留学日本,参与组织"拒俄义勇队"和"军国民教育会",次年回国参与组织"华兴会",筹备发动长沙起义。邓鹤丹对革命和新文化的态度也受到了陈天华的影响,在辛亥革命发生时在白沙打响了首义的第一枪。陈独秀晚年来到白沙避难,当时幸亏邓鹤丹先生收留,并居住在邓家的房产之内。在陈独秀晚年与当时文学界重镇、一代书法宗师台静农先生的往来书信中多次提及邓鹤丹先生对之的照顾。甚至台静农后来到白沙受到邓家礼遇也与陈独秀的举荐有着非常重要的关系。在陈独秀 1939 年 5月 12 日写给台静农的信中,他提及:

静农兄左右:

弟病血压高五十余日,迄未轻减,城中烦嚣,且日渐炎热,均于此病不宜。燮逸劝往聚奎夏,云彼处静、凉、安全,三者均可保。弟意以为连接校舍之房屋，未到暑假以前，恐未必静，倘（一）房租过多，（二）床、桌、椅、灶无处借用，（三）无确定人赴场买菜米油盐等，有一于此，则未便贸然前往，兄意以为如何？倘兄亦赞成我前往，上述三样困难，请就近与邓六先生（即邓鹤丹）一商赐知为荷。

信中提及的燮逸便是邓燮逸，是邓鹤丹的堂侄。此时，邓鹤丹邀请了陈独秀到白沙聚奎避暑。在陈独秀1939年5月17日的信件中，他已经决定到聚奎小住。

十五日手示敬悉，柏先生（即柏文蔚，清末安徽革命耆宿，国民党元老，陈独秀老友）婿系在马项垭自租屋，以楼房炎热，去否尚未定，并无为弟租房子两间之事，想系传说之讹。顷晤雪逸（邓燮逸）兄，云聚奎周校长（聚奎学校校长周光午）已回信来欢迎我去住，我亦决计去。

除此之外，聚奎学校的教师很多具有留学经历，他们的留学经历在聚奎学校的教育教学活动中显现出来。眼界的开阔、知识的储备，让这些留洋教师的课堂生动而吸引人。同时，这些教师也承担了传播现代文化的责任，在白沙的社区中传播着思想、观点，甚至是生活方式。如邓鹤丹留学日本回来后，在学校推行了很多卫生习惯，在学校的走廊里面摆放痰盂，并号召同学、老师们讲究卫生。甚至连当时创办聚奎学校的邓石泉老人已经85岁了，仍然向留学回来的鹤丹请教日本人的生活习惯。在讲到勤剪指甲的习惯时，邓石泉感叹，东洋人卫生习惯甚佳，吾等须效仿之。之后，邓石泉也学习勤剪指甲的生活习惯，直至去世。聚奎学校中教师的来源多是知名学校的毕业生，很多还有留洋经历，他们对待新文化的积极态度是显而易见的。如：唐定章，1904年留学日本，曾随张烈武等奔走革命。1906 年回国后在聚奎学校开设历史课。萧湘，1904年夏天自费留学日本，与邓鹤丹同学，入东京弘文师范学院。1909 年，萧湘因为参加革命活动落难，聚奎学堂堂长邓鹤翔邀请他来到白沙，在聚奎教授国文和时务课。在白沙萧湘发挥了一个近现代新文化知识分子的作用，参与和引导了很多活动。程芝轩，1905 年留学日本，1907 年回国在聚奎任教。邓鹤丹，1904 年留学日本，1906 年回国在聚奎任教。龚农瞻，1916 年留学日本，1916 年回国。周光午，1920 年先后在吉隆坡和新加坡留学，归国后任清华大学国学研究院秘书。1930 年秋，吴芳吉推荐他到聚奎学校任教，于是周在聚奎学校任课一年，教授英文、外国历史和外国地理等；叶广度，1929 年在日本留学，归国后在南京中央大学任助教。1940 年下期，周光午邀请他到聚奎学校任教导主任。颜学荣任校长。叶广度 1940 年留学法国，1943 年 8 月到校担任校长。邓石士 1941年留学日本，1944 年 11 月到聚奎学校任校长一职。

聚奎学校在这个时期采取了一种文化开放和文化涵养的态度，从派遣师生留洋学习到接受不同风格的学校建筑，从接纳革命志士来校教学到新文化旗手陈独秀，这些都是聚奎学校对待社会变迁的正确合理的态度。学校也从这种文化开放中获得了文化素质的积淀，这些积淀慢慢与聚奎学校相互结合、增值，逐渐成为聚奎学校自有的、区别于他者的、有利于学校发展的文化。

### （二）文化转向的物化与行动

聚奎学校中的鹤年堂和石柱楼分别矗立于学校的校园内，两座建筑隔路相望，均是具有近百年历史的建筑。鹤年堂外部的造型运用了很多的日式风格元素，而其内部却是典型的罗马歌剧院式的形制，石柱楼从内到外都是典型的日式建筑风格。左手日式，右手欧风，不仅仅是聚奎学校在建筑风格上的多样化，更是代表了那个时代聚奎学校对待文化的态度。也正是这样的态度让聚奎学校兼收并蓄了多样的文化，沉淀内化成了自己的办学风格，塑造了四川名校的风范。聚奎学校对待文化，特别是新文化的态度，代表了实际控制学校的开明师生和新知识分子的态度。

**图3　左手是欧式的鹤年堂，右手是日式的石柱楼**

在聚奎学校义塾和书院阶段，学校的教学内容主要还是旧式教育的主要内容，讲授的是如孔孟之道、蒙学经典、四书五经、道德伦理等等的教条。这样的教学内容囿于时代和国家的文化态度，学生接受的知识类型十分狭窄，内容僵化保守，教学方式刻板严厉，不利于适龄学生的思想发育和性情养成，特别是不适应现代性文明对知识和人才的要求。在经过了书院和学堂的改革后，聚奎学校率先进行了教学内容上的改革，学校引进在当时看来还略显生疏和神秘的西学知识，在原有四书、五经、《方舆纪要》、《文献通考》的基础上，开设了时务、算术、几何、代数、物理、化学、日文和英文等课程。除了课程教学的改革，学校还购入大量的实验器材、理化仪器、生物标本等，修建学校的大运动场，开设体操活动课。聚奎学校采用班级化的教学组织方式，注重在讲授的同时发挥学生参与讨论发表观点的积极性，较之于义学、书院的个别教学、机械背诵无疑更有助于接受、理解并有效地运用知识，并且注重在此基础上发展学生的智能和体能。这在教育系统现代文化态度转向的历史进程中是传统向现代嬗变的重要环节，是一种从文化态度到文化行动的推进。从社会结构层面来考察学校的文化转向，教育对象范围扩展也是重要的指标。新学取代旧学，不仅仅是教学内容和方式上的变化，同时也伴随着教育机会的扩展。新式教育让更多的社会中下层成员获得了更多的教育机会。这种开放性、民主性和平等性是新式教育的文化特性。聚奎学校的文化转向也表现在受教育机会的扩展上，规模的扩大使除了官员、士绅、商人子弟之外的平民子弟比起封建时代来获得了更多的受教育机会。特别是之后邓家创办的邓氏私立新本女子学堂，破除了旧有社会对女性的歧视和破坏，那些长期受到歧视、与文化知识无缘的女子有了接受教育的可能。

改制后的聚奎学校培养了一大批深受学校文化熏陶的学生，这些人后来成长为学者、政治家、工程师等，还有很多成为新文化运动和革命运动的骨干力量。这些人正是在聚奎学校求学问道的过程中，沾染了思想文化的气息，埋下了发展的种子。聚奎学校的文化基因遗传给了一代代的聚奎学生，也形成了学校在人才培养上的传统。很多后来成就了事业的聚奎学子在读书时候就表现出了异于同龄同阶层学生的文化气质，如吴芳吉、曹钟涛、萧世份等等。他们的毕业作品显露了聚奎文化所涵养的气质。1909 年，国家处于内忧外患的境地，特别是清末以来外战失利，国家在外交中频受欺辱，生民愤慨，怨声载道。吴芳吉在 13 岁时便写下了《读〈外交失败史〉书后》一文，旁征博引、犀利透彻、文采出众，他对当时中华民族的危亡和命运深感痛惜，也为政府之无能无为义愤填膺。

> 自黄帝东渡，以昆仑东五千余里之大陆神州……未知世界之广，列邦之繁……我国人喜其器物之精，嗜其制作之妙，遂购取之，不图自强以为抗御……数役以来，有志之士，仿效西法，提倡新学，而腐败之徒，又不便之。故不特国权丧失，财赋外溢，且纷扰杂乱，民无适从，而所割之地，皆为要隘。以上所述，仅有形之外交、有形之失败，至于无形之外交、无形之失败，而中国之陷于箸已有年矣……回顾我国，其瑕皆具也。苟能审外情，图自强，则

虽启关开隘，他人何敢觊觎？而豆剖瓜分之说，又何敢倡言？而外
交失败史至此，吾惧蹈印度、安南之覆辙也。①

当时的萧湘作为老师看到吴芳吉的文章说：

> 阅卷一日，精神疲倦极了。及至此卷，先翻其篇幅，累累然五
> 页，令人生厌几置之矣。徐又取而数其字数，则盈盈然一千四百二
> 十余字，堂哉皇哉！……阅至以上所述一笔，精神踊跃。不知如何
> 震荡，圈不及圈，批不及批。阅至其瑕皆具一句，忽然心痛，又不
> 知何以大圈小圈之淋漓满纸也。洋洋大篇，而法律如此分明，以视
> 梁卓为笔，东涂西抹，自谓文家者，终不能梦见此文法也。以论诗
> 文，有李太白之豪放，杜子美之谨严。何物神童，文心狡狯乃尔，
> 使我精神为之振荡也，咄咄怪才！②

再来看 1909 年当时另一个学生萧世份的作文《自由辞》：

> 自由者，自治也。能自治，能自由；不自治，不自由……故自
> 由者，循理之自由也，非逆理之自由。若不能自治而欲自由者，未
> 有不为人干涉者也……故自治者，自由本也。欲自由者，必固其
> 本，方能保自由也。嗟乎！世人不自治而自由者，适成为中国新世
> 界、新学界之自由而已矣。③

这些学生作文中分明已经显示出了他们对待新文化的态度，这些态
度日后也转向了他们的文化行动。当时的国文和时务课老师萧湘是同盟

---

① 《聚奎史稿》，江津档案馆，第 J002 号全宗 0001 号目录 001700016 号卷。
② 《聚奎史稿》，江津档案馆，第 J002 号全宗 0001 号目录 001700017 号卷。
③ 《聚奎史稿》，江津档案馆，第 J002 号全宗 0001 号目录 001700019 号卷。

会成员，其思想和行为处处体现新文化和民主主义思想。不仅仅是他授课的内容为学生所喜爱，就连其生活习惯也是备受学生追随。比如当时清朝文化符号代表的辫子，在同盟会等进步团体看来是首先要革除的。1900 年发生的庚子国变对于当时的清政府和整个国家而言都是灾难性的。虽然国家仍旧保持了形式上的完整，但是随着中央政府的威信不在，各地方势力开始逐步坐大，形成了分割之势。不仅仅在租界地，清朝政府没有主权，即便是在一些非租界的地方，政府的政令也完全成为一纸空文。

在各地租界以及东北等地，清政府已经不能有效行使主权。大批留学生到日本，甲午战争以后，日本人的自信心突然膨胀，他们把中国人的辫子讥为"豚尾"。一些海外留学生开始剪辫，与清政府决裂。国内的"湖北学生界"也在 1903 年提出剪辫、易服的建议。1903 年以后，随着留学生的归国，在清政府控制较弱的南方各省，少量青年学生开始剪辫。清政府建立新军后，为了便于戴军帽，部分士兵也剪去了辫子。为此清政府于 1907 年 5 月 6 日下达命令，严禁学生军人剪辫。一经查出，将予惩处。但此时由于清政府的控制力已经非昔比，此令并未在各地得到严格执行。清政府无奈，对此只有采取默认态度。萧湘是同盟会成员，自然在来到聚奎学校之时便已经剪掉了辫子。由于萧湘受到学生的喜爱，学生们也纷纷效仿他剪掉辫子，当时聚奎学校"学生剪辫子者，十之八九"。

学校中的教师成为新文化运动和爱国主义思潮的主要传播者，其中部分老师留学日本并加入了当时的同盟会，深受同盟会革命思想的熏陶。这些老师不仅仅在教学中宣扬革命思想，更是通过《民报》《广益丛报》《重庆日报》《川路导报》等进步报刊影响广大师生。当时的同盟会员萧湘便是最具代表性的一位。萧湘因为革命活动被通缉追捕，邓家敬慕其为人和品行，想方设法搭救解困，并将其收留于聚奎学校任教。他来到学校后，提议改革学校管理过于僵化，教学过于死板的风气，主张活跃教学氛围。同时他还在学校中模拟宪政民主制度运行，在学生中设议会和议员，还要进行选举和讲演。他 1909 年来到学校教授国文和时务课。他对当时学校所订多如牛毛学生动辄得咎的规则进行了改革，学校风气发生了变化。他在学生中倡导民主思想，提倡学生自治，向学生介绍欧洲的文艺复兴思想，还有早期的社会主义学说及中国的大同理想，又在国文课中进行命题作文，如《公理与强权》《平民生活之苦况》《论公德公益》等，通过学生的写作以激发爱国热情。这些进步和革命的活动在师生中产生了深远的影响。学校的师生还进行了积极的军事操练，由物理和化学方面的教师带领大家实验自制炸药和火枪。学校在 1911 年专门聘请军事教官来操练学生，组成学校自己的军练队伍。1912 年辛亥革命爆发后，在聚奎学校的操场上举行了四川首义——白沙军民起义誓师大会。学生们在誓师大会后四处讲演宣传，高呼口号，张贴分发宣传材料。特别是萧湘起草的讨清檄文《聚奎学校为白沙首义布告全川父老文》，在民众当中引起强烈反响，聚奎学校也由此积淀下了爱国、民主和革命的品质，影响了学校之后多年的发展。

聚奎学校在文化上的转向行动还表现在学校参与社会活动方面，聚奎军乐队的创建和发展就说明了这一点。聚奎学校从 1925 年开始，先后组建了两支军乐队，而其第一支军乐队是全四川历史上第一支学校乐队（包括大学、中学和小学）。这两次组建军乐队都是在邓氏家族直接资助下组建的。中国传统儒家文化十分重视"礼"和"乐"的教化作用，对礼崩乐坏也十分忌惮。鸦片战争以来的内忧外患让儒家推崇的礼乐教化损坏殆尽。于是在各个层面上都出现了各种以礼乐恢复为主题的活动。尽管这些活动都是些流于形式的外在装饰，然而却是当时拥有这部分思想的人的一种表达行动。早在 19 世纪末，在西方人的帮助下，直隶总督袁世凯的新军里就正式成立了军乐队。1903 年袁世凯奉西太后之命，在驻扎天津的军队中创办了军乐训练班。之后的蒋介石也十分重视军乐的作用，不仅在 1935 年初下令军政部"整顿礼乐"，选派洪潘赴维也纳音乐学院学习西方学习军乐的演奏和管理，还在洪潘学成归国后，亲自接见并于 1942 年在陪都重庆成立了陆军军乐学校，由洪潘任教育长，授上校军衔，蒋介石亲任校长。后来，提升洪潘为军乐总监，授予少将军衔，足见其重视程度之高。聚奎军乐队自学校改制以来创立，作为一项新鲜事物，被眼界宽阔的邓家敏感地意识到其重要作用，乐队与礼乐思想连接了起来。聚奎军乐队在邓家的资助下聘请教练、增置乐器，在学校重大活动中演奏新式音乐以助声威。并且，在江津和重庆其他地方的重大活动中，聚奎军乐队也常作为邀请对象参加，成为当时聚奎学校内外兼修屡获褒奖的另一见证。

学校的变革在这个时期接受了来自国家和社会转型的带动，学校在办学体制上发生了频繁的变化，学校名称也多次更迭。虽然这些变化对学校的影响巨大，但是聚奎学校内部却正在形成自己的变革核心。这个核心以聚奎学校办学理念为基础，在制度和文化两个方面展开。在这个核心的凝聚下，学校内外两种资源、两类文化和两种环境都成为促进学校发展的力量。国家动荡在客观上减弱了政府对于学校的直接干涉，让学校制度在参与中以自下而上的方式创建起来。学校也积极自觉地承担起了文化使命，在吸收中涵养，在涵养中释放，在释放中积淀，形成了自己的文化品性。聚奎学校凭藉这种内在的变革，奠定了学校未来三十年快速发展的基础。

## 三、时代变迁中的学校转型

### （一）改称为学堂

书院改制在某种程度上是医治自身弊端、克服自身僵化问题而采取的积极行动。在书院进入一种跟从社会变革与转型的节奏后，它的很多方面已经落后于当时社会对教育的需求。书院具有非官办性质，是带有平民化特点的"草根"教育机构。因此，书院办学也更加体现了社会的现实需求。当社会转型发生后，社会现实需求的变化就以很快的速度传导到书院办学中，促进了书院的改制。因此，稍大规模的社会变迁和转型就会产生社会需求的变化，而书院的教育也在这些变迁和转型的时期有着不同的特点，开放性、灵活性和多样性很强。这也形成了书院既能满足一部分人对于儒家理想人格和思想境界的追求，也能满足另一部分人学优则仕的科举追求。当书院还处在科举制度的笼罩下时，它就把人才培养定位于考科试的目标，教育内容和方法也随之发生相应变化。当科举制走向消亡，新文化和新教育汹涌而来的时候，它又在教育教学中增加了新学和西学科目，并通过延聘留学生作为师资。聚奎学校在书院时期便出现了西学科目，特别是在科举制取消后，聚奎书院很快转向了新式学堂的办学模式。1904年邓石泉之子邓鹤丹就作为聚奎书院学生赴日本留学，学成后回到聚奎，辅助邓鹤翔主持工作并直接负责聚奎学校的部分改制工作。

　　事实上，在书院改为学堂的初期，仅仅是名称上的变化而已，其教学内容与旧式书院无异。因此，在科举未废之前，清末新式学堂内部仍旧维持着书院的制度的惯性，存留着书院教育的弊病。可以说，科举制度只要存在，从书院到学堂的转变就仅仅是一种称呼方式上的变动，是一种名实不符的行为。作为书院改制为学堂的过程应当是一个从名到实，从教育内容到组织结构，从指导思想到具体办学行为的建制化地转变。"书院、学堂的名实变化及传统的正名思想、改革传统教育弊病向西方学习、争夺有限的教育资源三者共同构成了书院改制的原因。"①

　　重庆和四川地区在清末科举废除新学创建中大部分地承继了原有的

---

① 谢丰：《清书院改制原因》，硕士学位论文，湖南大学2009年，第28页。

书院、义学、社学、私塾等教育机构，聚奎学校亦是如此。重庆地方政府也通过官助民办、官办民助、公私合办等形式积极创办新式学堂。当时重庆新式学堂的经费渠道多元、办学形式多样，社会参与的积极性和热情很高。当时的新式小学有官立、公立、私立三种类型，但以官、私为主。最初规定府、直隶州可设中学，州县可设高等小学，民间只能设公、私立初等小学。但是，后来这种限度放宽了，只要经费、师资合乎一定的条件，即便是乡镇或私人均可设高等小学甚或中学。这样，小学堂的建立便灵活方便了。1905 年，改为聚奎学堂以后，实行分班授课，执行"癸卯学制"。课程设置新增了算学、东文（日文）、图画、唱歌等多个科目。教学内容具有一定的系统性。教学方法除教师讲述外，还有实验课、实习课。学生的学习以听课为主，辅以自习。1905 年以后，还积极改造私塾，培训私塾教师，补充算学、历史、舆地、体操、图画等课程，试图将私塾改办成兼习中西学的初等教育机构。重庆还大力推行对下层贫苦阶层子弟的教育，在各地普设半日学堂，专教贫苦子弟之无力入学及无暇入学者，授以农工商者普通之知识。教学形式灵活，教学时机多样，又成立补习学堂，罪犯学堂等，一般属于初等教育程度。在对私塾进行改造的基础之上，1909 年开始广设简易识字学塾，据1911 年《教育杂志》报道：学部调查各省简易识字学塾成绩，以四川为最。全川（含重庆）计有 16 万 3 千余塾，学生 245 万余人。重庆的近代小学教育在戊戌维新以后起步，1903 年方兴未艾，以后逐年增加，到 1910 年达到高峰。据有关材料统计，清末重庆所属大县学堂数 100 余所，小县也有 10—90 所不等。1907 年，四川（含重庆）共有小学堂7629 所，小学生 23 万 3 千余人，1908 年有小学堂 8700 余所，小学生27 万 7 千余人，1909 年共有学堂 7793 所，仅次于地处畿辅的直隶省的8723 所居全国第二①，而且在以后几年清末兴学热潮中，在全国在探索

---

① 朱有等：《中国近代学制史资料：第二辑下册》，华东师范大学出版社 1989 年版，第 838 页。

新的教育制度的过程中，对于学堂在学级层次、课程设置、教师聘用、考试、建置等方面有了明显区别于书院的要求。学堂办理有章程可依照，有规定的学级层次，其课程设置、学堂建设、学生培养逐渐走向统一和标准化，教师培养专门化，并将取士合并到学堂教育中而逐渐与科举考试脱离。各级各类学堂成为培养不同人才的流水线，这是符合社会教育大众化、多元化的近代改革需求的。江津"知县蔡承云亲履四乡，各就届会筹定之款设立初等小学132所。其中女子初小学堂4所，并倡先捐三百金，劝募绅民量力捐资"①。

在张之洞与刘坤一联名上奏《江楚会奏变法三折》的基础上，光绪二十七年（1901），清政府宣布实行"新政"，于八月初二日颁发兴学诏书，要求各省书院改设学堂。这条为解决清政府困境而迅速出台的诏令，强调了教学内容上的中西并重，重新确认了教育机构组织方面建立等级分明的国家教育系统的方向，但对于一切改设详细章程，并未同时通谕。这个诏令实际没有比以往维新派的教育改革更新的内容，而所谓的"新"则体现在了强制改书院为学堂的名称变化上。学堂取代书院象征了教育改革的新旧交替，此时的书院、学堂两者间成为互相对立的特定指称，不再通用。光绪三十一年（1905）三月十五日，聚奎书院结束了书院建制的时代，聚奎学堂正式成立。其实早在这之前的清朝当局已经宣布了学堂改制，强调兼习中西学科，但是一直遭到顽固势力的阻挠，学堂改制异常缓慢。

> 光绪三十一年，斋长邓鹤翔因就书院改办学堂，书院诸生周常昭辅之。凡所计划多出自常昭。鹤翔（乃）清涟之次子，常昭（乃）清涟婿也。就前日之斋舍，广其牌轩，洞其杆壁，以为礼堂、讲堂、食堂、自习室、寝室，各别其所，与书院异制。复平治

---

① 重庆市教育委员会：《重庆教育志》，重庆出版社2002年版，第97－98页。

操场，新增教具。役成，开学授课，生徒七十余人。时校中按玻璃牌，乡人少见，甚诧其奢，或呼之为洋学堂。①

聚奎书院改为学堂在当时是顺应时代变迁的积极改制，在当时看来与其他书院改制无其差别。尽管当时的大多数书院已经改换成为学堂，但是仍旧有大量的新式学堂秉持了书院时期的教学内容。事实上在书院前期的改革中，聚奎学校就已经在很多方面进行了改革和尝试，特别是教学内容和教学方式上进行了实质性的探索。聚奎学校在书院发展的后期开始吸收当时留学日本归来的教师，引进了新学在课程、分班授课等方面的设置。所以，在官方宣布开始办书院后，聚奎学校很快就进入了状态，当时的聚奎书院在前期面向科举办学结束以后，开始了一些自由讲学的活动，维新派言论和著作在书院内广为流传，受到广大师生的赞赏。此后，这些接受了维新思想的学生逐渐走出白沙甚至出国，邓鹤丹与周常昭都分别留学到日本并回校执教。但是当时更多的书院却因为条件所限，仅仅是在名称上进行了改变，其实质还是以经学为核心的旧式教育。这些学堂在办学、管理、教学等多方面多是延承了书院的做法，实际上是一种不彻底的过渡。尽管不彻底，这种书院到学堂的转变也还是让国人看到了学校走向新式教育的可能。聚奎书院此时已经在前期的资源供给基础上，具备了向新学转型的条件。特别是留日学生回校执教的邓鹤丹与周常昭协助当时的堂长邓鹤翔，锐意立新，改革进取。邓鹤翔认为：

新学初开，制度未一，课无定程，人有朝气。巴□□□僻远，难于问学，教者应尽其学之所极，学者应尽其量之所受，但在成

---

① 《聚奎史稿 012》，江津档案馆，第 J003 号全宗 0001 号目录 00170000 号卷。

才，初不问符合定章否也。①

邓鹤翔在聚奎学堂大力发展新学，除了传授传统的五经、四史、《方舆纪要》、《文献通考》等课程外，还开设时务、算术、几何、代数、物理、化学、日文和英文等课程，延请了留日学生唐定章、陶岁霖为教师。从这个意义上来看，聚奎书院改制为学堂是传统教育形态近代转化过程的一种实质变化，当然聚奎书院改制并非是宣告了旧式教育与新式教育之间的完全揖别，它也像那个时代的其他书院一样，与旧式教育有着或多或少的联系。但是，相较于其他书院改制的情况来看，聚奎书院的此次转型是较为彻底的。这样较为彻底的转变也为学校内部制度的变迁和文化的转型提供了基础。

### （二）脱胎为学校

1912 年，也就是辛亥革命的第二年，清朝的统治已经结束。封建时代教育存在的政治基础已经被瓦解，原有的学堂也面临着新学校的挑战。蔡元培在 1912 年 7 月召开的全国临时教育会议开幕词中区分了旧式学堂与学校的区别："君主时代之教育方针，不从受教育者本体上着想，用一个人主义或一部分人主义，驱使受教育者迁就他之主义。民国教育方针，应从受教育者本体上着想，有如何能力，方能尽如何责任，受如何教育，始能具如何能力。"② 当时在川东首义的白沙和聚奎学堂也随着时代的转变迎来了改革的机遇。1912 年 1 月 19 日，国民政府颁布《普通教育暂行办法》。聚奎书院按照国民政府的规定改名为聚奎学校，随后又改为"江津县立聚奎初等高等小学校"。这次的学校改革也

---

① 《聚奎校史手稿》，聚奎中学图书馆，1946 年。（因为是手写文稿，并没有正式出版，也未归入档案编号。以下不另注。）

② 中国蔡元培研究会：《蔡元培全集》第二卷，浙江教育出版社 1997 年版，第 262 页。

终于摆脱了此前从私塾到书院有到学堂的路径依赖，也较为彻底地与原有的旧式教育分割开来，走上了一条真正属于新式学校的发展道路。除了在这一年改称"聚奎学校"，领导体制也从堂长制变成了校长制，监学也改成了学监。当时的社会巨变是非常深刻且有力的，政治、经济、文化和社会阶层都在发生重列和变革，学校赖以为继的经费、师资和生源等都发生了变化。士绅阶层在这场变革中投入了很大热情，师生员工中也有诸多爱国进步的人士，他们"相继赴蜀军政府，或任分司，或为宣慰，奔走国事不遗余力。而聚奎生徒投笔从戎者若而人，回乡团练者若而人，宣传讲演者又若而人。当时四乡训导练丁、制配弹药，一唯聚奎生徒是求"。

这些也都客观上影响了学校的正常办学活动，包括办学经费也有相当一部分被用于了此类的革命活动，学校几近不能正常开展教学。在社会变革最汹涌的一波过去后，师生们陆陆续续也都回到学校，重新开始准备开学。

> （民国元年）堂长邓鹤翔应选为县议事会议长，呈教司辞去堂长，举教务唐定章以代，九月委任到校。翌年一月，定章就职，而聚奎堂长遂开省委之例。定章之接替也，广为收生，骤增至二百九十余人之众。然人数增多，教师亦难求，经费亦难给矣。①

学校的办学活动在人员和经费奇缺的情况是没有办法开展的，这也迎来学校改制变革的契机。

> （民国）二年冬，县议事会二届开会，鹤翔仍为议长。县人有蓄意破坏者，知聚奎之困也，提议改归县立，全年经费列入全县预

---

① 《聚奎校史手稿》，聚奎中学图书馆，1946年。

算并治。言除原拨学师银外，每年由地方附加税项下增拨千二百五十六圆，以资补助。鹤翔未之查也。堂长改称校长，聚奎组照县议事会案，改称县立。未及一月，所云地方税之拨助即被裁减，既定案之学师费亦受动摇，而县人干涉之事起矣。①

聚奎学校从 1916 年开始将每学年改为两学期，1923 年学校开始推行"壬戌学制"。学校教学管理工作较以往大为复杂，增加了组织安排教学、成绩考核、学籍管理等方面的工作，学校在堂长之下设监学，负责具体管理全校的教学工作，同时不再设东文和时务课，教材使用商务印书馆出版的新共和教科书，国文课则自选古文作补充。聚奎学校也在这样由学堂到书院的转变中完成了转身。与当时整个重庆学校改制的步伐一致，在江津和白沙当地政府的努力下，在士绅阶层的倾囊相助下，在广大民众积极参与下，聚奎学校不仅仅实现了从学堂到学校的转制。也实现了旧式教育向新式教育的正式过渡，这也使得之前办学者创办新式学校的努力明正而言顺。除了原有的资助外，学校又获得县议事会的教育附加税支持。在新式学校的示范效应下，传统的私塾、义学、社学、书院逐渐走向没落，直至消失。伴随于此，旧式教育的载体和阵地日渐萎缩，新式教育的影响力不断扩大，新式小学教育管理及研究机构的建立和有效运作，标志着重庆、江津和白沙小学教育近代化的初步进展。②

---

① 《聚奎校史手稿》，聚奎中学图书馆，1946 年。
② 吴洪成：《清末重庆小学发展述略》，《重庆社会科学》2007 年第 5 期。

# 第四章

## 楷模造就：鼎盛过后的学校沉浮

在经过了创办和改制的调整后，在经历了纷争与动乱的矫正后，聚奎学校的发展可以说具备了各种综合有利的条件。特别是董事会制度发挥作用以来，学校办学有了资源保障和制度保障，加之当时重庆特殊的区位优势带来的文化优势，聚奎学校取得了骄人的办学成就。到聚奎学校办学六十周年庆的 1940 年，学校享誉全川，蜚声全国。这段时期也成为聚奎学校办学历史中上的辉煌时期，学校规模空前扩大、名师名士荟萃、校友学生中名人辈出，而这一切得益于学校制度合理、经营有方、文化开放。

## 一、经之营之：资源稳定供给

### （一）学校经费充盈

1. 经营收入丰厚

聚奎学校的历史积淀为它积累了大量的社会资本，深得师生和校友爱戴。更因为其已经获得办学成就受到政治、经济、军事和文化界的认同与青睐。特别是在学校建立了董事会制度之后，学校的运转与经营走上正轨。董事会成员均是业界的精英，他们有着广泛的社会关系，善于抓住商业机会，有着成熟的商业运作手段。通过几年的努力，学校的校产和经费非常充盈，这奠定了学校发展的物质基础，对于学校有着决定性的作用。学校在经费充盈的情况下，很多理念和想法都可以实践，也可以延聘到更优秀的师资。特别是在那个混乱和贫弱的年代，这样的聚奎学校具备了发展成为全川名校的各种条件。

1925 年，聚奎董事会成立后，随即组织成立了聚奎储蓄会，当时便集资 12000 元，成为办学基金。此后，董事会先后进行了大大小小的劝募活动。1930 年 7 月，江津县成立官公营庙产清理事务所，拍卖有关的田、土、房屋和地产。当时驻扎在白沙的二十一军张清平师长，比较重视教育发展。在聚奎学校董事会成员的运作下，张清平支持聚奎用修建礼堂余款 22000 多元购买这些资产。在这次庙产收购活动中，学校获得了大量田产，共购得田产年租谷 530 余石，房业 40 余处。有了这些资金的注入，学校在校董的运作下开始购入大量的田产、屋业与土地，这些校产也为学校提供了源源不断的办学经费。

表 5　聚奎学校 1940 年田产状况[①]

| 序号 | 田业所在地 | 地名 | 佃户姓名 | 押金（元） | 租益（石） |
|---|---|---|---|---|---|
| 1 | 白沙镇 | 新屋基 | 张绍银 | 84.0 | 7.0 |
| 2 | | 马家塝 | 刁子扬 | 147.0 | 13.0 |
| 3 | | 竹林坳 | 邹太银 | 182.0 | 19.0 |
| 4 | | 新房子 | 张绍钦 | 210.0 | 18.0 |
| 5 | | 椿子堡 | 张绍林 | 98.0 | 12.0 |
| 6 | | 四岚坳 | 刁春廷 | 28.0 | 6.6 |
| 7 | 七星镇(石门) | 石坝湾 | 黄武陵 | 462.0 | 30.0 |
| 8 | | 花生坡 | 杨德成 | 90.0 | 17.5 |
| 9 | 八政乡(永兴) | 陈家湾 | 陈万和 | 84.0 | 7.0 |
| 10 | 九如镇(吴滩) | 机房屋基 | 叶玉堂 萧银山 | 280.0 | 30.0 |
| 11 | 九如镇(吴滩) | 李子林 | 刘金山 | 602.0 | 4.0 |
| 12 | | 厂子厅 | 尹鼎臣 | 400.0 | 6.5 |

---

① 《聚奎史稿》，江津档案馆，第 J001 号全宗 0002 号目录 00180000 号卷。

续表

| 序号 | 田业所在地 | 地名 | 佃户姓名 | 押金(元) | 租益(石) |
|---|---|---|---|---|---|
| 13 | | 岩洞塝 | 丁长发 | 140.0 | 12.5 |
| 14 | | 周家塝 | 周桂廷 | 70.0 | 8.0 |
| 15 | | 牛市堡 | 桂天禄 | 280.0 | 21.0 |
| 16 | | 河嘴上 | 聂章荣 | 140.0 | 12.0 |
| 17 | | 松林沟 | 胡栋廷 | 112.0 | 6.0 |
| 18 | | 庙堂头 | 周文钦 | 56.0 | 5.5 |
| 19 | | 二层岩 | 杨绍洲 | 112.0 | 9.0 |
| 20 | | 岚坳头 | 田荣发 | 210.0 | 4.0 |
| 21 | | 新房子 | 苟明春 | 98.0 | 8.0 |
| 22 | | 羊古老 | 刘方成 | —— | 0.5 |
| 23 | 十全镇(石蟆) | 天星桥 | 胡海荣 | 140.0 | 23.0 |
| 24 | | 蛮洞子 | 张炳兴 | 140.0 | 25.0 |
| 25 | | 鱼塘湾 | 杨林山 | 210.0 | 16.1 |
| 26 | | 沙堡上 | 何国荣 | 184.0 | 9.0 |
| 27 | | 庙侧边 | 冯银廷 | 168.0 | 86.0 |
| 28 | | 桐子林 | 何有章 | 112.0 | 13.0 |
| 29 | | 大塝上 | 何有章 | 70.0 | 10.0 |
| 30 | | 桃子沟 | 潘益兴 | 112.0 | 13.0 |
| 31 | | 碾子堡 | 古安民 | 280.0 | 16.0 |
| 32 | | 庙后头 | 张炳田 孔春如 | 140.0 | 17.0 |
| 33 | | 棉花园 | 何江淮 | 170.0 | 18.0 |
| 34 | | 朝阳寺 | 张绍伦 | 137.0 | 17.5 |
| 35 | | 石坝边 | 罗义臣 | 70.0 | 9.0 |
| 36 | | 下土库 | 谭华山 | 70.0 | 7.2 |
| 37 | | 庙当门 | 张炳田 | 140.0 | 6.0 |

续表

| 序号 | 田业所在地 | 地名 | 佃户姓名 | 押金(元) | 租益(石) |
|---|---|---|---|---|---|
| 38 | | 碾子山 | 胡银山 | 168.0 | 15.0 |
| 39 | | 大毛山 | 张炳田 | 140.0 | 6.0 |
| 40 | | 马路边 | 蒲国堂 | 84.0 | 5.0 |
| 41 | | 屋基头 | 谭国霖 | 182.0 | 14.4 |
| 42 | | 庙湾头 | 庞益安 | 222.0 | 13.3 |
| 43 | | 石厂塝 | 周炳川 | 280.0 | 36.0 |
| 44 | | 打龙沟 | 罗正钦 | 140.0 | 15.5 |
| 45 | | 大坪上 | 李盛海 | 205.50 | 18.0 |
| 46 | | 王家坪 | 杨四海 | 280.0 | 53.0 |
| 47 | | 河嘴上 | 程克昌 | 140.0 | 25.0 |
| 48 | | 郑家坡 | 郑绍轩 | 310.0 | 46.0 |
| 49 | | 塘 头 | 徐金三 | 168.0 | 22.0 |
| 50 | | 白鹤井 | 屈炳章 | 420.0 | 40.0 |
| 51 | | 横山沟 | 黄树成 | 84.0 | 10.5 |

截至 1940 年，学校田业共计 51 处，押金总额 9432.50 元，每年的租益共计 893.1 石。

表6 聚奎学校 1940 年土业状况[①]

| 序号 | 所在地 | 地名 | 佃户姓名 | 押金（元） | 租益（石） |
|---|---|---|---|---|---|
| 1 | 白沙镇 | 花土湾 | 邹太银 | -- | -- |
| 2 | | 竹林坳 | 邹太银 | -- | -- |
| 3 | | 四岚坳 | 刁春廷 | -- | -- |

---

① 《聚奎史稿》，江津档案馆，第 J001 号全宗 0002 号目录 00180004 号卷。

续表

| 序号 | 所在地 | 地名 | 佃户姓名 | 押金（元） | 租益（石） |
|---|---|---|---|---|---|
| 4 | | 石坝上 | 罗国顺 | – – | 10.0 |
| 5 | | 白家院 | 代坤垣 | | 10.0 |
| 6 | | 塞子头 | 熊克章 | 28.0 | 34.0 |
| 7 | | 石炉缸 | 刘金山 | 14.0 | 34.0 |
| 8 | | 和尚岩 | 丁凤才 | 7.0 | 2.0 |
| 9 | | 潘家屋基 | 张银安 | 28.0 | 85.0 |
| 10 | | 朱家屋基 | 周心支 | – – | – – |
| 11 | | 白瓦房 | 王文治 | – – | 3.0 |
| 12 | 七星镇 | 灯杆坪 | 杜和轩 | 45.0 | 150.0 |
| 13 | 九如镇 | 中塘房 | 饶和林 | 80.0 | 16.0 |
| 14 | | 山顶上 | 韩海山 | 14.0 | 2.0 |
| 15 | | 马家埂 | 崔海三 | 28.0 | 2.0 |
| 16 | | 桊子坡 | 袁品洲 | 28.0 | 2.0 |
| 17 | | 柏树湾 | 何明先 | 14.0 | 0.50 |
| 18 | | 回龙嘴 | 吴坤臣 | 3.20 | 5.0 |
| 19 | | 秦家港 | 刘玉发 | 2.0 | 2.0 |
| 20 | | 回龙湾 | 蔡福田 | 1.0 | 5.10 |
| 21 | | 菸帮上 | 王绍荣 | – – | 2.0 |
| 22 | 十全镇 | 打龙沟 | 罗正清 | – – | 30.0 |
| 23 | 二溪场 | 岩扁头 | 王长顺 | 14.0 | 1.0 |

截至 1940 年，聚奎学校的土业共计 23 处，押金合计 306 元，租益每年 407 石。

表7 聚奎学校 1940 年房产状况①

| 序号 | 地产所在地 | 佃户姓名 | 租益（元） |
|---|---|---|---|
| 1 | 布市街 | 梅道生 | 200.0 |
| 2 | 布市街 | 唐茂秋 | 190.0 |
| 3 | 大什字 | 世界书局 | 140.0 |
| 4 | 嘉惠门 | 李广顺 | 50.0 |
| 5 | 北庆门 | 同心富 | 140.0 |
| 6 | 北庆门 | 刘腾辉 | 360.0 |
| 7 | 新街 | 陈国良 | 250.0 |
| 8 | 横街子 | 赵楚翘 | 60.0 |
| 9 | 工字街 | 陈孔隶 | 120.0 |
| 10 | 工字街 | 陈孔隶 | 110.0 |
| 11 | 工字街 | 陈孔隶 | 120.0 |
| 12 | 工字街 | 胡树清 | 26.0 |
| 13 | 工字街 | 赵岐山 | 24.0 |
| 14 | 工字街 | 金祝三 | 26.0 |
| 15 | 工字街 | 廖刘氏 | 30.0 |
| 16 | 工字街 | 漆维翰 | 30.0 |
| 17 | 斑竹巷 | 刘汉章 | 60.0 |
| 18 | 四牌坊 | 岳隆初 | 70.0 |
| 19 | 天香街 | 王绎斋 | 180.0 |
| 20 | 天香街 | 王绎斋 | 180.0 |

① 《聚奎史稿》，江津档案馆，第 J001 号全宗 0002 号目录 00180006 号卷。

续表

| 序号 | 地产所在地 | 佃户姓名 | 租益(元) |
|---|---|---|---|
| 21 | 天香街 | 张熙尧 | 180.0 |
| 22 | 新街子 | 曹焕荣 | 100.0 |
| 23 | 七贤街 | 蓝春廷 | 100.0 |
| 24 | 七贤街 | 张熙尧 | 110.0 |
| 25 | 七贤街 | 林开理 | 50.0 |
| 26 | 新街子 | 义昌祥 | 100.0 |
| 27 | 北固门 | 胡银成 | 20.0 |
| 28 | 北固门 | 牟庆西 | 20.0 |
| 29 | 老米市 | 吴光华 | 50.0 |
| 30 | 老米市 | 文玉清 | 40.0 |
| 31 | 老米市 | 黎昌荣 | 40.0 |
| 32 | 老米市 | 江德新 | 50.0 |
| 33 | 老米市 | 廖昌德 | 46.0 |
| 34 | 老米市 | 万敬安 | 40.0 |
| 35 | 老米市 | 代银山 | 40.0 |
| 36 | 老米市 | 冷荣发 | 46.0 |
| 37 | 老米市 | 瞿炳林 | 40.0 |
| 38 | 三道拐 | 孙志道 | 100.0 |
| 39 | 三道拐 | 赵本初 | 100.0 |

　　截至1940年，聚奎学校在江津各地的房产共计39处，每年的租益达到3638元。

表 8　聚奎学校 1940 年地产状况[①]

| 序号 | 户产所在地 | 佃户姓名 | 租益（元） |
|---|---|---|---|
| 1 | 嘉惠门 | 王巨奎 | 22.0 |
| 2 | 嘉惠门 | 龙顺河 | 25.0 |
| 3 | 嘉惠门 | 刘文钦 | 30.0 |
| 4 | 迎恩门 | 周海廷 | 8.0 |

截至 1940 年，聚奎学校在江津各地的地产共计 4 处，每年租益 85 元。

此外，学校种植经营的大量果树也成为这个时期学校收入的另外主要来源。江津广柑种植历史悠久，但是在 1911 年以前，广柑的地位不如橘柑，约 40—50 个才能换得到 1 斤食盐。民国二十五年（1936）十二月三十一日的《四川经济日报》记载："江津素以出产橘柑著名，其产量总额为五千七百万枚（合九百万斤），每万枚值四五十元。"随后抗日战争开始，橘柑销量下降，广柑因其耐运输和贮藏受到青睐。聚奎学校也在这一时期抓住机会扩种了广柑，获得了良好的效益。[②]

2. 捐赠与补助充足

除了在确立董事会制度后收到的大笔财产，学校陆续收到来自各界的捐赠。1937 年，董事会开始制定和实施学校发展的五年计划，计划筹资 78000 元，用于购地和添置设施。不到一年，学校便筹得款项 30000 余元。其中，邓鹤年捐款 10000 元，邓鹤丹捐出学校附近长石塔地产数十亩，校友王正平捐 6100 元，校友诸子言捐 5000 元，校友邓昭华捐 2000 元，江津县长也带头捐 1000 元。截至 1940 年，学校的五年计划中共募得 54303 元。

---

① 《聚奎史稿》，江津档案馆，第 J001 号全宗 0002 号目录 00180007 号卷。
② 江津县政协文史资料委员会编写：《江津引种广柑》，《江津文史资料选辑》一，第 153－157 页。

这期间，学校还获得了专项的奖学金，如邓蟾秋在他七十寿辰时收到礼金35526元，他将这些寿金全部捐献出来，设立了蟾秋奖学金，又有校董龚农瞻捐款数万元（具体金额数目无从查证）作为基金成立农瞻奖学金。在1925年后，仅邓鹤年就先后十次为学校捐赠，共计65000元。

### 表9 邓鹤年1925年后捐赠款项

| 捐款时间 | 捐款金额 | 用途 |
|---|---|---|
| 1925 | 350元<br>300元 | 添置童子军军装4套<br>购赠军乐乐器一套 |
| 1926 | 387元<br>600余元 | 举办运动会<br>举行校庆纪念 |
| 1927 | 630元<br>260元 | 购赠《四部备要》一套<br>购赠图书一批 |
| 1928 | 300元 | 培植校园花木 |
| 1929 | 60000余元 | 创办聚奎学校的中学部 |
| 1934 | 700元 | 购赠《四库珍本》一部 |
| 1938 | 1200元 | 再购赠军乐乐器一套 |

此外，政府还对学校直接进行了资金补助，包括学务专款、地方附加税等。如1927年，四川省长行署批准，在县肉税余款中，每年拨给聚奎学校2400元。1934年，二十一军司令下令在该部盐载过道捐项目下，每个月拨400元盐载过道捐附加给聚奎学校。以上两项补助在1936年的取消苛捐杂中被取消。1937年，经永川行署专员沈鹏请示省政府批准，在县总预备费中，每月补助400元给聚奎学校。同年，省政府令教育厅直接拨款1200元给聚奎学校，又令县政府拨款1200元。1938年，由县政府每年补助聚奎学校2400元列入预算，此后又增列补助1000元预算。例如董事会在小学基础上扩充成立聚奎中学后大力扩充不动产，到1934年时学校已经有田51处，房地产67处，二者每年收入相加有4200元，果树每年也有500元收

入。这已经可以和政府的拨款 4800 元相当了，如果再加上学费，可以想见聚奎学校的办学经费是非常充裕的。聚奎学校此时又依靠什么获得了如此多的经费支持呢？究其原因，除了江津地方上的经济发达外，学校的治理和管理制度是重要推动因素。当时学校有专门的董事会，董事会成员都是当地望族士绅，他们有经营头脑，乐于也善于对学校资产进行有效的管理。

### （二）延聘优良师资

聚奎学校在这一时期的办学成就特别需要依靠的便是优良的师资。在那个社会剧变、战火频仍的年代，教育教学尚不依赖于技术、手段和设施的发达完备，而更多依靠的是教师本身所具有的知识水平、文化素养、见识眼界和人格魅力。但凡办学优异的学校必然有一个优良的教师群体，如：北平四中 1931 年教师学历统计，全校 44 名教师中，北京大学毕业者 16 人，北师大毕业者 9 人，留学美、英、法、日者 10 人，艺术体育及其他院校毕业者 9 人；金大附中在 1933 年 6 月的统计中，全校 47 名教师中有 42 人具有大学本科学历；扬州中学 1936 年师资状况统计显示，58 名教师中具有大学学历者 44 人，大专学历者 8 人，无高等学历的名师 3 人，其他 3 人，其中曾出国留学的有 4 人，取得博士、硕士学位各 1 人，曾任大学教授者 4 人；北师大附中 1923 年至 1937 年 62 名专任教师中，留学国外者 8 人，北师大、北京大学及燕京大学毕业者 47 人。这样的教师学历构成，即便在今天看来也是颇为难得的。①

聚奎学校从转制开始，学校的董事会成员和管理者都非常重视对师资队伍的建设，在教师引进工作上，学校为了广纳贤才制定了很多有效的制度吸引了很多有识之士来到聚奎。

学校不惜重金礼聘远近名师，每师专任一科三班，详改作业，每班有一级导师，早晚陪同学生自习，平时师生一起生活，利用机会教育指导学

---

① 《民国时期的名校"收藏"：探寻成名背后的"秘密"》，《中国教育报》2010年 8 月 29 日，见 http://edu.qq.com/a/20100829/000048.htm.

生做人做事，或讲些名言掌故以启发学生。……学校当局以办学为荣誉，教师视学生为子弟，学生以学业前途为重，全校一心一德，蔚成风气，故能人才辈出。（1951 年，校友曹中岳回忆录）

从聚奎中学的校长和教师工资来看，在 1943 年以前，聚奎学校的教师工资是远高于四川省内其他地方的，也高于类似于公务员等其他行业，这也是为什么能吸引大量优秀的师资来到聚奎的重要原因。在四川，教师的工资是高于当时的公职人员的。在其他地方，教师的待遇也较之当地的一般公职人员待遇高。在 1932 年的山东，小学高级教员月薪 10 元（约今 1100 元），初级教员 4.5 元（约今 495 元）。1933 年湖北省立小学的月薪 39—56 元，省立第一、二、三中学的教职工工资为 60－80 元。20 世纪 40 年代的《教育宪法》规定，国家应保障教育、科学、艺术工作者之生活，并依国民经济之进展，随时提高其待遇。当时普通警察一个月 2 块银洋，县长一个月 20 块银洋，而国小老师一个月可以拿到 40 块银洋，民国时期小学教师的地位和待遇要远远超过县长。

表 10　1939 年四川省的小学待遇规定办法① （单位：元）

| 级别 | 一级资格 | 二级资格 | 三级资格 | 四级资格 | |
|---|---|---|---|---|---|
| 完全小学校长 | 45 | 40 | 35 | 30 | 不合标准之代用教员月支 15－25 |
| 完全小学教员初级小学校长 | 40 | 35 | 30 | 25 | |
| 初级小学教员 | 35 | 30 | 25 | 20 | |

①　四川省教育厅：《民国二十八年四川教育年报》，成城出版社 1940 年版，第 13 页。

**表11　1941 年四川省的小学教师待遇标准[①]**　　（单位：元）

| 级别 | | 一级 | 二级 | 三级 | 四级 | 五级 | 六级 |
|---|---|---|---|---|---|---|---|
| 乡镇中心学校 | 校长 | 75 | 70 | 65 | 60 | 55 | 50 |
| | 教员 | 65 | 60 | 55 | 50 | 45 | 40 |
| 保国民学校 | 校长 | 65 | 60 | 55 | 50 | 45 | 40 |
| | 教员 | 55 | 50 | 45 | 40 | 35 | 30 |

**表12　1942 年四川省国民教育教师待遇状况[②]**（单位：元）

| 校别 | | 省（市）立小学 | 乡镇中心学校 | 保国民学校 |
|---|---|---|---|---|
| 每月实支薪额 | 最高 | 195 | 90 | 70 |
| | 最低 | 65 | 45 | 40 |
| 津贴种类及数量 | | 1. 生活补助费月薪百元以上者 50 元，以下者 55－60 元；<br>2. 食米津贴每月 2 市斗 5 升；<br>3. 眷属米以三人为限，每人每月 2 斗。 | 食米津贴每月最高 4 市斗。 | 同左 |
| 部颁各种小学教员待遇办法已实施各项 | | 1. 年功加俸；<br>2. 优良教师奖金。 | | |

---

① 教育部国民教育司编印：《四川省三十年国民教育设施概况表》，第四种师资训练，1942 年，第 159 页。

② 教育部国民教育司国民教育辅导研究委员会：《三十一年度国民教育实施概况》，1943 年，第 34 页。

**表 13　聚奎中学 1930—1943 年部分年代教工月薪统计表①**

| 年代 | 计酬单位 | 校长 | 教师 | | | 大米价格（每斤） |
| --- | --- | --- | --- | --- | --- | --- |
| | | | 上限—下限 | 人均金额 | 人均折合米 | |
| 1930 | 银元 | 50 | 30－56 | 35 | 593 斤 | 5.9 分 |
| 1931 | 银元 | 40 | 22－45 | 28 | 373 斤 | 7.5 分 |
| 1935 | 法币 | 53 | 22－86 | 48 | 872 斤 | 5.5 分 |
| 1936 | 法币 | 51 | 24－38 | 31 | 492 斤 | 6.3 分 |
| 1939 | 法币 | 100 | 32－80 | 69 | 719 斤 | 9.6 分 |
| 1940 | 法币 | 100 | 32－80 | 69 | 182 斤 | 0.38 分 |
| 1943.5 | 法币 | | | 310 | 40 斤 | 7.75 分 |
| 1943.7 | 法币 | | | 610 | 79 斤 | 7.75 分 |
| 1943.9 | 碛米 | 增发教师眷属补贴 | | | 72－90 斤 | |
| 1943.12 | 法币 | 208 | 120－156 | 145 | 14.5 斤 | 10 元 |

　　聚奎在经过了十余年的混乱后，学校迎来了发展上的跨越。教师队伍也在这一时期在规模和结构上不断扩大与优化。从 1925 年开始，学校便不断扩充规模扩大影响。整个 30 年代虽然战火频繁，白沙镇却避开了大的兵火反乱，得以稳定发展。1930 年聚奎学校开办初中时所聘教师大多数是本科毕业生，并且年龄都是三四十岁有经验的人士。董事会为了礼遇这些教师，月薪达到最高的 56 元（可购大米 1000 斤）并且免费供应食宿，甚至日常到生活用水、洗衣，均雇工上门服务，还特雇轿工抬滑竿来往白沙。1934 年开始，聚奎学校开始聘用女教师，打破教师性别的限制。聚奎学校也在学生规模、师资水平和文化活动等方面取得了非常大的成就。特别是

---

① 《聚奎史稿》，江津档案馆，第 J001 号全宗 0003 号目录 00180115 号卷。

抗日战争爆发以来，外省各界人士纷纷内迁入川，重庆作为陪都更是集聚了大量的内迁的知识分子和文化名家。一时间，白沙镇人才荟萃。当时学校就聘请了周光午、黄德毅、颜实甫、卢福泰等先后担任学校校长，直接来管理学校。每每周末，当时流寓白沙的学界名人也来到学校，或是讲学、或是演说，传播文化知识，宣扬文化理念。文幼章、陈独秀、冯玉祥、欧阳渐、梁漱溟、卢前、陈可忠、胡小石、蒋复璁、台静农、劳君展、魏建功、唐圭璋、曹清华、程憬、萧公权、佘雪曼等等，这些人先后来校，有的甚至长期在校任教。到 1940 年，外省和外县的教师占据了全部教师的三分之二，本科学历占到了 62.5%，专科学历占 25%，平均年龄 30.6 岁。学校的教师队伍水平在抗战结束后的一段时间曾经出现过下滑。然而，在 1948 年之后因为战火和聚奎学校待遇改善等原因，大量省内外就业的江津学生毕业后回到江津。到 1953 年聚奎学校收归县政府之前的 5 年时间内，聚奎学校加上合并进来的新本女校和白沙女中的 60 余名教师中，80% 以上来自北京大学、中央大学、上海交通大学、四川大学等著名高校，并且他们当中的一半以上是 30 岁以下的青年知识分子，这些人素质较高，拥有很好的知识背景，接受了新文化的熏染。他们头脑灵活又肯于风险，很快成为学校师资力量的骨干。

## 二、以学校为社会：形成办学特色

学校在其特殊存在中含有整个社会的存在。① 这是聚奎学校一向秉持的理念，聚奎学校的办学者们始终坚持以学校为社会。这里的以学校为社会不是把学校与社会等同，也非是要使学校与社会同构、同质、同步。而是让学校为学生进入社会做好准备，让学生以社会责任感和担当作为修身砥砺的基础。从书院时代的聚奎开始，学校就没有完全把个人的功名利禄

---

① ［法］埃德加·莫兰：《复杂性思想导论》，陈一壮译，华东师范大学出版社 2008 年版，第 2、186、198 页。

作为学生个体追求的根本目标，而是时刻警醒和培养学生担负国家民族责任的意识。这种品性后来一脉相承，是为聚奎学校精神的核心与主要的部分。这种品性渗透到了聚奎培养的学生中，这让他们跳出了个人利益的生硬局限，更加以社会责任和道义等提升学生的志趣和理想。学生也更加奋进努力，由此学生中人才济济，蔚为大观。

## （一）担当社会责任

1940 年，聚奎建校六十周年之时，聚奎学校的校长周光午非常深刻地意识到聚奎学校几经风雨却愈发繁荣，其中必然有着延续不断且孜孜生长的内在特性。他常与聚奎师生、校友交谈，并将想法与当时流寓白沙的文化学者交流沟通。很多学者也对聚奎学校取得今时今日之成就深感好奇，当时职于"中央"大学的中国古代文化神话学家程憬就是其中之一。在谈到聚奎学校如何能够沿用自清末以来的名称之时，程憬曾经与当时的聚奎校长周光午进行了很多交流。周光午认为：

> 聚奎创始于清季，名曰聚奎，是取北宋五子同起，占验聚奎之义。清同治年间，就义塾而改书院，邑人讲学于斯，一时间文风称盛川东。至清季变法，始改书院为学校，仍沿袭聚奎之名，盖示不忘旧也。

程憬对当时这种沿用旧名的做法有着自己的看法，他分析认为：

> 以愚度之，袭名之意，恐不仅此而已……惜乎晚近之士，虑不及此。学校林立，教旨翻新，皆仿欧美，一若吾邦传统之精神，无丝毫足珍，可以承袭而光大者……而或顾名思义，或触接遗泽，一种眷慕之情，不禁油然而生，与昔贤之精神，遂时相默契……窃思创立聚奎学校诸君子之袭用旧名，其深意或竟在此。

周光午也认为程憬分析的非常有道理，认为聚奎学校承袭了书院的很多特质，哪怕学校的名称一变再变。聚奎学校发展壮大不仅仅是依靠丰厚的资源供给，不仅仅是修建了川东第一大讲堂，更不仅仅是几近与南开同等水平的办学规模。聚奎学校的真正发展是需要其内在精神品质来支撑的，是一个个吴芳吉以其言行树立起来的精神品质供给的精神血液。聚奎学校能有今天的成功：

> 然非传统之精神势力，久已深潜与学校环境之中，安能如此……

当时伴随内迁而来的很多文化名人在聚奎学校曾经讲学授课，也受聚奎学校风气之熏陶，对聚奎学校办学的成就以及背后的原因有诸多赞誉和探索。这个时期的"国立"编辑馆馆长陈可忠、"国立"中央图书馆馆长蒋复璁、著名作家文化评论家台静农、"中央"大学教授程憬等都曾在聚奎成立六十周年之际为聚奎学校著文献辞，赞叹聚奎学校在白沙一隅有如此的办学成就。谈到学校的文化品性和文化特质给予高度评价，也认为恰是学校的文化品质创造了聚奎学校规模之宏愿办理之完善。台静农在谈到聚奎学校文化品质时，曾将学校的内在文化精神归结为两点，即"以学校为社会"和"为求己而修身"。也恰是这些文化品性支撑了学校的命脉，也促进了学校办学迈上档次。没有停留在蝇营狗苟的点滴上，目光高远且身体力行。针对美国学校以课堂、书本为中心，忽视对儿童能力的培养，不注重实践技能、技术训练和职业准备，学校的教育教学与现实社会生活的实践无法有效衔接，很多教学内容和教学方法极不适应社会变革的需要的社会背景，杜威提出了"学校即社会"的教育思想。杜威提出"学校即社会"思想的直接目的为了克服赫尔巴特传统教育中只重知识和技能传授，而忽视学生的社会实践活动，从而不能适应社会需要的弊端。杜威提出："我认为学校主要是一种社会组织。教育既然是一种社会过程，学校便是社会生活的一种形式。"① 即学校本身必须是一种社会生活，具有社会生活的全部含义。并且，校内学习应该与校外学习连接起来。杜威这一提法的意义在于学校不应该是孤立于社会之外的组织，而必须成为一个生气勃勃的社会机构，具备社会生活的典型条件。只有在这样的环境中，学生才能通过参与联合活动，形成有用于社会的习惯，为社会生活做好准备。聚奎学校之所以取得成就的原因也在一定程度上受这类教育文化理念的影响，特别是以学校为社会的办学风格让聚奎学校办学取得了非同一般的成就。

爱国爱校是聚奎学校历来之传统，聚奎学校从办学以来便涌现了大量的爱国志士。无论是早期的辛亥革命四川首义，还是九一八事变后最早深入四乡从事抗日宣传活动，都体现了聚奎学校师生的社会责任感。1928 年，邓鹤丹为聚奎学校题写了一副门联，上联："知国家大事尚可为也"，下联："得天下英才而教育之"。这副门联一直激励着聚奎师生的爱国热情，也成为学校历来维护的文化理念的核心。早在辛亥革命之前，邓氏家族就对国家和民族命运殚精竭虑，特别是有留学和高等教育经历的邓家后人，更是忧国忧民，始终怀抱爱国强国的梦想。邓氏家族收留了萧湘和陈独秀等一批革命人物和爱国志士，他们不仅在聚奎学校传道授业解惑，也把自己的爱国热忱和社会责任感传递给了聚奎师生。聚奎师生在全川首先响应了辛亥革命，令人称奇。在抗日战争期间，聚奎学校师生更是在后方支持着抗战的前线。1943 年 3 月，时任国民党军事委员会副委员长的冯玉祥来到白沙募捐。在达到江津的第三天，冯玉祥来到聚奎学校，来到鹤年堂的讲台，慷慨激昂演说，聚奎师生深为之动容。最终在聚奎学校和另外一所后来并入聚奎学校的新本女校师生努力下，冯玉祥在白沙镇获得捐款 700 多万元，而聚奎和新本两所学校的捐款就占据了其中五分之一。冯玉祥将军深受感动，捐款大会当夜，

---

① ［美］约翰·杜威：《道德教育原理》，王承绪译，浙江教育出版社 2003 年版，第 357 页。

彻夜无眠的他写下了"献金救国家，不做亡国奴"的诗句。1937 年抗日战争开始以后，学校的爱国教育成为一种常态教育。学校每周星期一要举行纪念周会，均有校长、主任或者教师讲演抗战有关的问题。当时正在修建的教学楼定名为"七七纪念堂"。在课程内容的选择上，如国文课也大量选编了有关民族气节的文章，比如《正气歌》《五岳祠盟记》等名文。1939 年初，学生开始军训，学校应学生要求在 1940 年开设军棍等武术课。

聚奎还有一个重要的角色是文化传播者。聚奎师生经常在学校所在的白沙社区开展形式多样的文化传播活动。1926 年，聚奎学校在股东的支持下购买了电影放映机，在江津首次播放了无声电影，让白沙甚至是江津的百姓看到了代表信息技术传播的光影技术，让更多的人了解外面的世界，成为文化传播的窗口。1937 年暑假，聚奎学校师生自发组织抗日宣传队，利用寒假、春假、暑假下乡宣传。先后有吴汉骧和吴汉骧率师生八十余人去江津、李市、罗坝、白沙展出标语、漫画、图片，演出《回春之曲》《放下你的鞭子》等剧目开展救亡宣传，有苏灿瑶率学生数十人去慈云等地演唱《义勇军进行曲》《毕业歌》《松花江上》《码头工人歌》并演出抗日短剧。通过这些文化传播的方式，聚奎学校师生不仅强化自我的爱国和社会责任意识，同时也感染了很多群众，成为社区的文化旗手。

## （二）参与社会生活

1919 年的中国处于新文化运动的潮头浪尖，这一年 4 月杜威访华到达了上海，开始了他在中国两个多月的访问。此后实用主义教育思潮在中国盛行达五六年。实用主义教育思潮不仅对中国现代教育家如胡适、陶行知、陈鹤琴、舒新城等产生了重大的影响，这个时期很多思想家和教育家都认为要引导学生参加社会活动，并在社会活动中训练学生的品行。陈独秀认为"训练是教育上第一重要的部分"。他批评旧教育忽视社会对学生品行的影响，关起校门训练学生，致使教育对学生品行的训练"失了效力"。许多学生，在校品行纯洁、志趣高尚，是一个有为青年，但一出校门，踏入社会，便成了胸中无主的人，混久了甚至成为一个毫无希望的人。因此，陈独秀认为对学生品行的训练单靠学校教育是不够的，必须与社会结合起来。要引导学生接近社会，为社会服务，在社会活动中培养、训练学生的品行和能力。陈独秀提出救济的办法唯有"使教育与社会密接，学术与社会结合，理论与实际结合"。"陈独秀强调学术与社会合，方是活学术，否则便是死学术"。[①] 陈独秀在居住白沙期间与邓家过从甚密，他的很多思想被邓家所赏识与佩服，以至于陈独秀的文化和教育思想体现在了聚奎学校的办学中，参与社会生活便是其中之一。

聚奎学校向来重视社会活动在学生培育和学校发展中的作用，积极地为学生个人实践活动提供机会。在教育教学活动逐步稳定以后，学校开展了大量的社会活动，而这些活动都是由教师指导由学生直接参与主导的活动。学生们自己开办图书馆，自己办各种球队、戏剧社、歌咏队、读书会、辩论会、壁报社等，而且参与者众多，影响极佳。在 20世纪 30 年代，学生们主办了"益智图书室""广益图书室""会文图书室"等组织学生进行读书借书的活动。学生们组成消费社，各自从事小范围的经营活动，有的经营学生需要的小商品，有的经营学生的油印装订等服务，丰富了学生的课外活动，满足了学生需求。学校的运动队多次参加县运动会，在 1937 年四川省第三区第一届运动会上，以聚奎师生为主要班底的江津县代表队获得总分冠军，其中聚奎学生获得男子组四项第一、五项第二、一项第四，学生罗天麒和代世怀被选拔参加省运会。聚奎学校重视学生社会活动的另外一方面便是建立了学生劳动制度。聚奎学校在 1928 年建立了学校劳动制度，把校地划分成劳动基地，

① 陈独秀：《教育与社会》，《陈独秀文章选编》，三联书店 1984 年版，第 10－11 页。

分配给学生个人种植农作物、花卉等，每年结合恳亲会展览学生劳动成果。这样的一种体近生活、体近大众的制度一直延续到 40 年代末，深受好评。学生们"粝食弊衣，赤顶草履，欣欣然不以为苦。灌园壅，春碓饲畜，且优为之。于此知生事之艰难，益淬厉于学问。此以学校为家庭，又以家庭为社会也"。除了我们之前讲到的抗日宣传外，学校积极进入社区开展知识普及和文化娱乐活动。1926 年，学校首次在黑山放映了无声电影。此后更是多次到白沙镇播放影片。1938 年 7 月 23 日学校暑假开始，教师吴汉骧带领学生刘远邦等到德感至善图书馆办暑假民众学校，时间长达一个多月。其间，吴汉骧还带领学生为社区群众展演了两场话剧，这一传统一直延续到抗日战争结束，当时展演的话剧有四幕话剧《通缉书》《回春曲》《放下你的鞭子》和《升官图》等等。

另外一项非常有特色的聚奎活动便是每每重大节庆出来展演的学校军乐队，学校军乐队先后两次购进西洋军乐器数十件，乐队最先由学生周一堂等组成。聚奎学校的军乐队在四川中学甚至全国中学中都是极为罕见的，除了每次学校的升旗和活动外，聚奎军乐队在白沙和江津也经常参加各类活动。抗日战争期间，白沙的大小集会，乐队必然参加。在街上游行时，群众夹道欢迎。军乐队的学生们精神焕发、显示出威仪。学校每逢重大活动便以军乐先导开路，声势浩大。不仅如此，学校经常被邀请外出表演，曾经被地区专员邀请为全区运动会奏乐。还数次与驻渝部队的军乐队联欢合奏。最让聚奎人为之骄傲的是，聚奎军乐队为当时在白沙举行的爱国万人大合唱伴奏，闻名整个抗战大后方。（根据乐队成员刘珍年、刘受百等的回忆整理）1937 年 5 月 10 日，四川省第三区公署专员沈鹏以全区第一届运动会筹备委员会的名义发来公函：

> 查本区第一届全区运动会已经定于本月二十日在永川举行，此事在本区尚属创举。军乐足以激发健儿奋斗精神，不可付之阙如。素仰贵校军乐队素质优良，队员用于服务，特请届时莅会服务，以

壮声色。旅膳由会供给。淌蒙惠允，即希于十九日以来永为荷。

学校立刻组织了此次对外的展演，派出军乐队如期应邀前往。而参赛的江津县男女队伍也因此大受鼓舞，双双取得团体冠军。1942 年 3 月 29 日，教育部音乐教育委员会与白沙音乐教育推进委员会联合举办"万人大合唱"，演唱抗战歌曲，激励抗战情绪。当时的"白沙社会教育推进委员会"和"白沙音乐教育推进委员会"也专门致函聚奎学校，请求聚奎学校派出军乐队参加活动。公函如下：

> 敬启者，白沙音乐节演奏会筹备委员会决议，音乐节上午九时与乡师礼堂举行歌咏大会。商请贵校军乐队伴奏，尚希惠允，准时入场为荷。此致
>
> 　　　　　　　　　　白沙社会教育推心委员会　三月三十日

图 4　邀请聚奎军乐队参加活动的公函

这场大合唱最终在江津师范学校的大操场举行，有 13 所大学和中学的学生参加。聚奎学校的军乐队当仁不让成为这场合唱会的伴奏。当

时的合唱总指挥是著名音乐家、"国立"女师学院的音乐系主任吴伯超教授，军乐队的指挥是刘珍年老师。这场盛况空前的音乐会总共演唱了《白沙镇镇歌》《义勇军进行曲》等十首歌曲。合唱会一边由学生演唱，一边对演唱进行了录音。录音完成后当即现场播放录音唱片，在场学生听到后无不欣喜若狂。

聚奎师生参与社会生活的范围和深度在今天看来也无特别之处，其活动涉足生产、文化、娱乐、宣传等领域。然而，聚奎学校这些活动的发起、过程以及过后所产生的影响却是时时刻刻与当时的社会活动、社会思潮紧密相联。除了服务所在的白沙和江津地方，学校也利用其人才和文化资源的优势，起到了很好的文化引领和影响作用。军乐队参与抗战合唱，为抗战募捐义演，参加地方生产劳动，在江津第一次播放电影和第一次使用电灯等等这些参与社会的学校活动，无不是学校师生深明大义、勇于担当的表现。同时，参与社会生活也是聚奎师生接触社会实践、反思理论知识的重要步骤。这种培养方式成为聚奎学校这段时间办学的一大特色。梁漱溟来聚奎学校考察了数月，看见聚奎学生清勤淬砺，非常感慨并频频嗟赏，说"可与国外的农士学校相比"。蒋复璁也曾为聚奎学生这种参与社会生产生活的行为甚为感叹，他认为"聚奎学子与课业之余，服习耕种，刻苦淬砺，不坠耕读之风，足以正习俗，斯校校风足为吾人钦佩"。

这个时期聚奎学校的发展与整个中国教育的状况形成了鲜明的反差。当时兵火战乱导致国家凋敝教育衰败，整个社会无力组织起有效有序的教育活动。由于当时重庆特殊的政治地位，白沙虽然身处剧变与混乱的时期，却因为特殊的地缘优势和社会经济文化状况使聚奎学校处在了最好的发展时期。学校业已成为稳定的经营核心、制度核心和文化核心，使得学校有了充足的资源供给，内聚了优秀的文化、吸引了高水平的师资。聚奎学校这种相对适宜的教育环境是一种综合的有利条件，从社区的资源供给、文化氛围到办学理念、学校制度，形成了促进聚奎学校发展的合力。在这种综合有利的状况下，学校成就了发展史上最鼎盛的办学景象。

## 三、"蜀庠楷模"的荣耀与失落

### （一）成就斐然却难掩经营之困

聚奎学校办学成就卓著，远近求学者络绎不绝，纷至沓来。加之，学校陆续成立了初中和高中部，并且招收部分女生入读，同时接受了当时新本女子学校等学校的部分学生，办学规模一度达到鼎盛。到 1940 年的时候，学校的中学和小学在读人数加总起来已达 1000 余人，其规模不仅在四川屈指可数，在全国也属少见。

表 14　聚奎学校自学校改制以来 1912—1918 年学生数量状况统计[①]

| 年份 | 初小 | 高小 | 初中 | 合计 |
| --- | --- | --- | --- | --- |
| 1912 | — | — | — | 95 |
| 1913 | — | — | — | 246 |
| 1914 | — | — | — | 297 |
| 1915 | — | — | — | 280 |
| 1916 | 55 | 298 | — | 353 |
| 1917 | 70 | 281 | — | 351 |
| 1918 | 66 | 197 | — | 263 |

① 《聚奎史稿》，江津档案馆，第 J005 号全宗 0008 号目录 00170012 号卷。

**表 15　聚奎学校自学校改制以来 1934—1940 年学生数量状况统计①**

| 年份 | 初小 | 高小 | 初中 | 合计 |
|---|---|---|---|---|
| 1934 | 51 | 144 | 312 | 507 |
| 1935 | 62 | 146 | 316 | 524 |
| 1936 | 101 | 170 | 316 | 587 |
| 1937 | 116 | 177 | 400 | 693 |
| 1938 | 90 | 165 | 577 | 832 |
| 1939 | 140 | 349 | 684 | 1173 |
| 1940 | 169 | 408 | 896 | 1473 |

当时名噪全国的南开中学恰好内迁至重庆，凭着其无可比拟的声望和人气，学校在内迁后规模迅速扩大。1937 年秋季，学生注册人数共计 716 人。到了 1938 年，由于战区学生来渝众多，学校于春季开学前后接受了一批插班生入学，各年级人数均有增加：男高三增至 56 人，男高二增至 146 人，男高一增至 178 人（内有转来女生 10 人），男初三增至 78 人（内有女生 22 人），男初二增至 97 人，男初一增至 143 人；女高一减为 90 人（有 10 人转男高一），女初一增至 70 人。全校注册学生总数为 858 人，其中女生 192 人。秋季，学校进一步扩大招生，开学后全校共计 32 班，男女生共 1472 人。其中女生部初中 5 班 240 人，高中 6 班 243 人，共 483 人；男生部初中 10 班 477 人，高中 11 班 512 人，共 989 人。本校第三学年第一学期（1938 年秋）男女生两部共设 32 个班，学生总数 1454 人。其中，女生部初中 5 班 237 人，高中 6 班 241 人，共 478 人。男生部初中 10 班 463 人，高中 11 班 513 人，共 976 人。而作为聚奎学校这样草根出身的私立中学来讲，其办学规模几乎达到了与南开齐头并进的态势。聚奎学校在 1939 年的

———————

① 《聚奎史稿》，江津档案馆，第 J005 号全宗 0008 号目录 00170016 号卷。

办学规模也到了 1173 人，到 1940 年更是达到了创纪录的 1473 人，其规模
与南开中学旗鼓相当，足见学校发展规模之大。

　　学校在规模逐步扩大的基础上也提升了办学层次，在小学教育上划分
了初小和高小。1930 年邓鹤年捐款 54700 元筹办以其父亲名字命名的"石
泉中学"，邓燮康出任校长，随即开始招生。石泉中学第一届新生招得 102
人。1931 年，石泉中学并入聚奎学校，改称聚奎中学，此名中间几经放弃
几经恢复沿用至今。1942 年，聚奎学校又开始招收第一届高中生。学校的
办学层次得到提升，完善了从初小、高小到初中高中的整个基础教育阶段
的建制。在 1925 年之前的混乱时期，学校教学质量急剧下滑。1925 年之
后，聚奎学校除了办学规模的提升外，教学质量也得到了非常大的改善。
20 世纪 30 年代开始，四川省举行毕业生会考，初中会考考场设在重庆，高
小会考考场设在江津。聚奎学校按照相关规定参加了每年的四川省会考，
成绩斐然，在 1937 年、1938 年和 1939 年连续三年成绩优良。1940 年四川
省教育厅特令聚奎学校毕业会考免于考试。

表 16　聚奎学校高小会考情况[①]

| 时间 | 参加会考人数 | 成绩达标人数 | 补考人数 | 毕业人数百分比 |
|---|---|---|---|---|
| 1933 年 | 35 | 33 | 2 | 94.2% |
| 1934 年 | 23 | 23 | | 100% |
| 1935 年 | 19 | 19 | | 100% |

---

[①]　《聚奎史稿》，江津档案馆，第 J003 号全宗 0008 号目录 00170024 号卷。

表 17　聚奎学校初中会考情况①

| 时间 | 参加会考人数 | 成绩达标人数 | 补考人数 | 毕业人数百分比 |
|---|---|---|---|---|
| 1933 年 7 月 | 37 | 25 | 5 | 68% |
| 1934 年 7 月 | 14 | 8 | 5 | 57% |
| 1935 年 7 月 | 23 | 17 | 6 | 74% |
| 1936 年 7 月 | 34 | 26 | 8 | 77% |
| 1937 年 7 月 | 25 | 25 | 0 | 100% |
| 1938 年 7 月 | 23 | 20 | 3 | 87% |
| 1939 年 7 月 | 44 | 43 | 1 | 98% |

　　然而，伴随着国运与时运变化，聚奎学校的办学状况却越来越来不如人意。特别是在抗日战争结束以后，随着内迁的政治、文化和教育中心陆续返回，长江上游、重庆、江津和白沙的经济社会状况发生了巨变。社会的政治体制、主要的经济产业、阶层结构和文化式样都发生较大变化，学校办学的社会基础经历了巨大的调整。白沙镇赖以维继的长江水运也因兵火失去往日风采，加之当时聚奎学校的赞助者的产业萧条，经营困难，自身运转都难以维系，更遑论支持学校发展。更有甚者，由于连年战乱缺乏管理，聚奎学校的诸多田产物业也被当地势力侵占瓜分，学校出现了前所未有的经营困难，资财无以来源，学校日常经费开支严重短缺，教师薪俸即便一降再降也还是难于发出。从 1944 年开始，学校的教师薪俸发放开始时断时续，且薪资水平逐步降低。1945 年，学校教师的人均工资已经从巅峰时期的 610 元法币降到不到 200 法币。到 1947 年时，学校已经没有直接可以用于发放的现金工资，只能以实物抵扣，其经营之困可见一斑。此时，学校管理也日渐涣散，正常教学秩序受到严重冲击。战乱导致教育系统四

---

① 《聚奎史稿》，江津档案馆，第 J003 号全宗 0008 号目录 00170026 号卷。

分五裂，聚奎学校先后当地几所学校分分合合，几近停办。最终保留的聚奎学校在办学规模和层次上严重萎缩与下滑，学校招生数量连年缩减，1946 年至 1949 年每年招生人数不足百人，个别年份只有二十余人。学校原有学生也不断流失，大多数正常的教育教学活动不能开展，办学难以为继。学校经营困难的状况一直持续到 1952 年。此间办学时断时续，各种活动严重萎缩。至此"蜀庠楷模"终因经营困难而风采不再，这所川东名校逐渐破败，辉煌的办学历史戛然而止。

### （二）获得认可却无奈社会时局

在经历了学校内部与外部的各种变迁和转型后，学校走上了稳定发展的道路。董事会制度的功能也开始释放，董事会成员对学校经营有方，在经费、师资和学校硬件上都实现了历史性的突破。多年以来的文化涵养让学校的文化品质得以沉淀，开放的文化态度接纳了更多先进的理念、知识和方法，对学生的培养起到了很好的促进作用。学校在 1925 年之后的发展成就昭著，深得社会认可。当时的学校员工诸有材在回忆学校 20 世纪 30 年代的风光无限时写道：

> （聚奎学校）声扬四海，名震全球，春风时雨，人众咸知。自民国八年九年间稍有挫折，各方人士不忍学校倾颓，贻误青年学子，因此咸来董焉。故数年之间，居然恢复旧观，声誉日益宏扩，门第偕来，从趋日众，已达五百余人之多。将来由小学而中学而大学，自然不难。

其实聚奎早在学校改制之初便已经广获赞誉，受四川省巡按使奖励，当时获得此项奖励的学校在四川共二十一所，聚奎学校名列榜首，获得"管教合法，成效卓著"的八字评价。聚奎学校与当时宜宾女子师范附小各获得头等奖金三百元，学校用此款修建了两间教室。此后经历过振荡后的聚奎学校逐步走上了扩展和提升的道路，教育教学活动丰富多彩，不仅仅在全川各类会考中领先，在其他活动中也表现得异常优异。鉴于学校的办学成绩，1935—1940 年间，学校共三次获得教育部、四川省政府和四川省教育厅的特令嘉奖。1940 年 11 月，聚奎学校举行建校六十周年纪念。之所以是六十周年，是从聚奎书院 1880 年创建开始算起。当时的民国教育部长陈立夫为周光午等人编写的《私立聚奎学校史略》题书篇名。四川省教育厅长郭有守题书"蜀庠楷模"四个字赠予聚奎学校，甚至有评价认为聚奎学校乃"全川第一小学"。聚奎学校在举办校庆之时，散落在各地的校友以及内迁白沙的各种文化教育机构、单位以及社会各界人士千余人参加了学校庆典，盛况空前。除此之外，很多与聚奎学校渊源深厚的文化名人也纷纷写来贺信并赠送礼物，如近现代中国佛教学者吕秋逸、著名爱国人士程希孟、胡文豹、岳峻明等等。对一所偏南一隅的学校来说，能有此荣誉殊为难得。1939 年 3 月，"国立中央"图书馆内迁到白沙镇，馆长蒋复璁与当时的校长周光午为故交，周光午多次邀请蒋复璁到学校参观讲课，并与学校师生交流思想。在聚奎校庆时恰逢校董邓蟾秋先声七十大寿，于是他填词为老人祝寿，同时也为赞叹聚会学校的发展历史。

> 凡求事业成功，在能刻苦奋斗，适合潮流，以求有良好之纪律习惯。今观聚奎三者兼备，宜其有如斯成就也。聚奎过去六十年如是，气候百年千年，利民福国，奚可限量。

同样是内迁的"国立"编辑馆也在白沙，馆长陈可忠在评价聚奎学校时说道：

> （聚奎学校）精神贯一不懈。至今校舍巍峨，规模宏远，四境青年纷然来归，信继承者多贤。聚奎学校历年毕业者两千余人，其未升学者，从事生业，而羞蠹于社会，洵不失为国民之楷模。其大学毕业，或留学东西洋者，献身社会，服务国家，多卓然有所建

树，盖其造育人才也又如此。

　　程绍扬也曾赋诗《高洞观瀑》赞扬学校美景和办学成就，"国中海外人争夸，那识此间宝无价"。此诗说明，当时聚奎学校的名声已经因为其成就传播到了海外。

　　这个时期的聚奎也培养了大量的优秀毕业生，如张采芹（国画大师）、邓少琴（创办西南博物馆，后任重庆博物馆副馆长）、颜实甫（四川大学中文系教授）、卞稚珊（川东行署协商委员会常委）、樊弘（北京大学政治经济教研室主任、第六届全国政协委员、第七届中央委员会顾问）、萧林（上海市政协常委）、郭明达（中国儿童歌舞研究会会长）、蒲政渊（内蒙古自治区顾问委员会委员）、邓时泽（重庆大学副校长）、周光召（中国科学院院长，第三世界科学院院士）等等。用校友胡长鑫的话说，这些同学"蔚成大器，出而可济世，入而能表里，彪炳寰区，照耀简册"，社会发展也深得其益。

　　1945 年抗日战争结束，国家和社会的形势却急转直下，内战战火波及长江流域的腹地，特别是经济衰微和政治动荡让聚奎学校终究无法独善其身。在 1945 年之后，经济危机导致国家、地区和社区各个层次的生产经营活动无法正常进行，货币贬值和流通混乱等让聚奎学校的校产骤减，办学经费拮据，那些支持聚奎的士绅阶层也因为经济下行问题而无暇顾及学校发展。加之抗日战争结束后大量的流寓人才纷纷回迁，学校教师中的很多名人名师陆续离开了白沙。如此一来，聚奎学校的经费、师资等受到严重影响。1946 年聚奎学校的学生数量开始大幅度缩减，聚奎学校不得已与新本女校合并开课。这样的情况持续到 1948 年初，聚奎学校的人数骤减至初中 83 人，高中 131 人，学校规模缩减严重。这也成为聚奎学校发展史上的转折点，学校由此开始走下楷模的神坛，办学水平一落再落。1949 年 1949 年底，刘邓大军挺进西南，黔、彭一仗，生俘宋希濂，打开了通往重庆的大门。重庆及川东各地有权势者，纷纷往成都方向逃窜，白沙的士绅也多有离开。江津县白沙镇作为19世纪兴盛的水路码头，其社会状况、社会组织、阶层分化和流动机制等在这个时期都发生了重要变化，这种变化在近现代中国社会普遍发生着，也影响着教育活动的进行。聚奎学校的兴盛离不开时代背景和社会条件，它的发展也无法逾越社会现实基础。时局破败的现实让蜀庠楷模的风采不再，由时代造就的教育奇迹也日渐褪去色彩。

聚奎学校作为办学楷模陨落恰恰折射了这个时期整个中国教育的命运，不管是政府的破败还是社会中间力量的式微，共同加剧了教育的萎缩。特别是长期靠士绅阶层输血的部分名校，彼时资源枯竭直至难以为继。而进步士绅因为主、客观的原因日渐与国民党政府分化。其中，主观原因是新思想的熏染让进步士绅意识到只有改换天地教育才能迎来新生，如当时黄炎培延安之行后思想转变，然而却受到当局迫害，更使其认识到教育变革必然要基于国运时运的变化。客观原因是当时的进步教育家因为战乱而停止了教育进步运动和改革，如晏阳初的平民教育改革活动由内转外，更多在国外宣传思想争取援助。还有如在广西大力推行国民基础教育运动，创设国民中学制度，开展成人教育活动的雷沛鸿也辞去教育行政职务，等等。而一部分教育思想家先后去世也造成了这个事情教育改革与发展的步伐。总之，聚奎学校的陨落是时代发展的缩影，在某种程度上是不可避免的。

# 第五章

## 重获新生：理念淬炼与实践求索

在经历了创办、发展和繁荣的六十余年之中，聚奎学校形成了相当的办学规模、层次和特色。然而，学校命运始终与国家、民族和所在地区的命运紧密连结在一起，民国后期政府统治和时局的影响让学校滑入低谷，这种失落与褪去对于历史巨浪中的一所学校而言来说是无奈和无力的。当然也恰是社会环境造就了聚奎特殊的办学经历，造就了"蜀庠楷模"的特殊的发展历程。聚奎学校曾经取得了一定办学成就，甚至名噪一时。但是这段短暂的历史只能代表着过去，在迅速下滑过后，学校急需提振精神，更需要认真探索、踏实摸索教育教学规律，更加专注于教育教学互动，更加致力于形成稳定良好的办学风格与特色，实现学校的可持续发展。随后的六十年中，中国社会天翻地覆的变化推动学校几经变革。在这个过程中，学校从接近崩溃的边缘被挽救得以续命，又因为时代变迁而柳暗花明，再现坦途。伟大的时代重新赋予学校以生命力，学校也正通过锤炼锻造新的办学思想和理念，在实践中紧跟时代脚步，学校变革者们不断开拓进取创新有为，昔日的蜀庠楷模正在展现新时代学校发展的新内涵、新特色与新气象。

## 一、反思：增进对教育规律的认识

### （一）融入新的体制和文化

在 1949 年后，学校迎来了国家制度、社会环境和教育体系的新变化，学校的办学环境和体制发生了深刻的调整。新的国家体制的建立从根本上改变着社会的结构，生产、分配、交换和消费的经济活动区别于以往，国体、政体和治理结构也与此前迥异，更为重要的是社会文化环境和教育环境发生了巨大转变。1953 年以后，中国也从一个具有深厚儒家文化传统国家进入了空前反转和重构的社会主义文化改造与建设时期。接下来的将近三十年的时间里面，通过反复的重建、改造和发展等过程，中国形成了既区别于传统模式的教育文化式样，也构建了区别于欧美、苏联等他者文化式样的新的文化范式，这在一定程度延伸和重建了新时期的教育文化。文化式样的变化逐步与体制机制的变化形成呼应。聚奎学校也从旧式的教育文化中脱身，这一过程首先是从学校进入全新的体制开始的。1952 年，江津县人民政府接管奎新中学，学校更名为"四川省江津县第三中学校"并于秋季开始招收高中新生。其后学校的新教学制度和管理制度逐渐建立，学校规模也不断发展，到1960 年时已经有 26 个班，学生达到 1300 百人，形成了以高中为主的完全中学。

在教育的经济基础上，所有制结构继承并适度改变了原有的不充分私有制，并逐步把家族和家庭私有制转换为国有制为主体的计划经济，整个社会的经济基础发生了根本变化。在社会构成上，中国传统社会结构中的家族细胞逐步转化为与工业化生产相匹配的家庭细胞，原有的等级制度也转化为以"单位"为核心的科层制下行政等级制度。白沙水驿传统的商业活动因为经济中心转移和科学技术发展逐渐萎缩，水运作为支柱产业的地位不复存在。以此为基础形成的白沙社会结构逐渐发生了变化。在政治上，新中国政治体制的优势逐步显现，人民当家作主的理念开始深入人心，原有没落守旧的士绅基层被整合改造。在文化内容上，旧式的文化已经新文化改造，特别是具有封建主义和资本主义特质的不良思想被摒弃，新的社会思想逐渐占据优势。"从总体上看，新传统文化已对中国传统文化加以革命化的改造，同时又继承了其基本结构，是传统文化的延伸和重建。"①

　　在 1949 年的 12 月 23 日至 12 月 31 日期间，新中国的教育部在北京召开了第一次全国教育会议。这次会议要求新中国的教育建设要以老解放区新教育经验为基础，吸收旧教育的某些有用的经验，特别要借助苏联教育建设的先进经验。② 这些做法通过新建立的国家体制得以强力的贯彻和实施，教育制度改革明确了建设社会主义教育体制的整体目标。在政治领导方面，坚持党对教育事业和教育行政的政治领导，建立健全有效的政治领导机制。第二，在中央、地方、学校和社会的关系上，建立中央统一领导，地方分级管理，实行以地方分权为主的教育行政体制。各级各类中小学校的设置与发展，无论公办或民办，都由地方自行决定；高等教育行政权力也开始实行下放。此后，教育体制改革侧重实行统一领导、分级管理、教育行政权力相对集中于中央的教育行政体制。具体的做法包括对教育机构和学校做直接的政治清理：接管和改造教育机构，清除特务组织；接收教会和外资津贴学校；逐步接管和整顿私立学校，强化中小学的公共教育性质；重组学校领导班子，置校委会于党的领导之下；取消与人文社会科学相关的旧教材，改用新教材。此外，国家还对学制进行了调整与改革。应当说，学校办学的政治、经济、文化和社会环境都发生了根本性的改变。尽管新中国成立于 1949 年，但是聚奎学校真正到体制内生活是在 1953 年被县政府接管之后的事情。聚奎和新本两所学校在 1949 年后被合并成为"奎新中学"，但是依旧保持着私立的性质。第一届全国教育大会上提出了逐步接管私立学校的决议，县政府也按照大会指示对下辖的学校进行了整顿和改制。聚奎学校于 1952 年被江津县政府接管，并且命名为江津第三中学。至此，

①　程晋宽：《20 世纪中国文化变迁和教育变革的历史分析》，《河北师范大学学报（教育科学版）》2001 年第 3 期。
②　瞿葆奎主编：《教育学文集·中国教育改革》，人民教育出版社 1991 年版，第 5–10 页。

学校正式进入了新中国教育体制的治下。

### （二）凝练新的办学思想

摆脱陈旧的教育思想而构建适宜的新的教育思想也是聚奎学校在1953年进入体制之后的重要任务。曾经，内部的封建教育思想和外来的实用主义的教育思想在聚奎学校的发展历程中都得到了实践。事实上，美国的实用主义教育思潮从民国初期开始被引入后，就成为当时基础教育改革和学校发展的核心理念。特别是在教育领域新文化运动的浪潮席卷前，杜威本人来到中国宣讲他的教育思想。1922年"新学制"的推广也给杜威的实用主义教育思想的传播提供了契机。实际上，整个二十世纪三四十年代中国教育的实践改革和理论发展都受到杜威实用主义教育思想的深刻影响。在聚奎学校民国办学的实践来看，确实在某些环节和活动上契合了实用主义的教育思想。杜威的实用主义教育理论之所以能够在中国产生影响，一方面是实用主义教育理论本身具有某些合理性的观点和方法，另一方面是实用主义教育理论迎合了刚刚摆脱封建思想控制的中国人的深层思维方式和文化心理。聚奎学校的"以社会为学校"的教育实践实际上在一定程度上发展了杜威的实用主义思想，是对这一理论的推进。这也与当时其他从事教育实践和理论研究的学者的做法不谋而合。作为杜威的弟子，陶行知和陈鹤琴结合自己长期的教育实践进行了理论上的创造，提出了自己的学术见解。这些也都与聚奎学校的教育实践有相似之处。然而，新的国家体制和历史背景要求学校转变这些旧式的教育理念和思想，形成新的适应国家社会变革的教育理念和思想。

1950年和1952年，教育部先后颁布了《中学暂行规程》和《小学暂行规程》，这两个规程虽然之后都经历过微调，但是仍旧基本上廓清了新中国成立初期中小学校办学理念和思想的概貌。特别是在指导学校办学的基本思想方面，这两个规程都做出了明确规定。在培养目标上，两个规程都突出了培养学生成为新中国的健全公民和促进身心全面发展的要求，中小学教育必须提高学生的思想觉悟。在有关人文社会科学类的课程中提出政治思想性，在自然科学方面的课程突出反迷信和提倡唯物主义的科学观，等等。聚奎学校也在 1950 年陆续开始了各种改革和调整工作。7 月间，学校取消了训导制度，设教导主任和生活指导，实行民主管理，取消公民、童子军课，开设了政治课，建立了学生会，开始贯彻五爱教育（爱祖国、爱人民、爱劳动、爱科学、爱护公共财物）。

与批判旧式的教育思想同步进行并相互呼应的是教育系统致力于前苏联教育思想和理论的系统引入，教育学研究与教育实践部门都纷纷开始学习前苏联经验。在这期间为代表的就是对前苏联教育学家凯洛夫的《教育学》的学习。凯洛夫的《教育学》蕴含着十分突出的党性原则和阶级意识，揭示了教育理论与革命实践的关系，反对"把教育看作只需要实际上的技能和熟练技巧的事情"。它重新诠释了一系列教育基本问题，突显了以教师为主导、以共产主义教育为核心和以课堂为中心的学术理路，是对赫尔巴特以来传统教育的思维定式的强化。凯洛夫的《教育学》确实对我国 20 世纪 50 年代的基础教育实践产生了广泛而深刻的影响，对新中国基础教育快速进入前苏联模式起到了推动作用。

聚奎学校在这段时期也处于教育思想上的变动中，先是 1951 年开展了以批评杜威和武训为重点的教学改革研究。1953 年，随着全国上下学习前苏联的热潮掀起，聚奎学校与其他学校一道开始全面学习前苏联。对前苏联的教育经验的学习主要是围绕凯洛夫的《教育学》进行。聚奎学校组织了教师认真钻研教育部颁布的各种教学大纲、新编教材，认真备课，严格按照要求计划安排教学进度，统一教学内容，改变以往教学中散漫自由状态。1956 年 4 月，聚奎学校（时为江津三中）的副校长罗昌一到重庆参加访前苏联教育代表团的报告，回到江津的罗昌一先后到油溪、白沙、蔡家等地传达相关内容。这个访苏教育代表团是

1955 年 10 月被派出到前苏联学习，于 1955 年底回到北京。这个代表团主要围绕师范教育、教育行政领导和综合技术教育等内容展开学习和访问，对于当时苏联的做法给予肯定，并且在回国以后对这些经验进行了宣讲和推广。然而，这一切随着中苏关系的恶化和国内形势的变化在 1964 年之后便被否定了。1964 年 10 月，学校接到上级命令开始批判凯洛夫的《教育学》，教师刘荣春、任显贵、江富华等被抽调到蔡家区参加面上四清（即清政治、清经济、清思想、清组织）运动。1964 年毛泽东在春节座谈会上的谈话提到：

> 现在课程多，害死人，使中小学生、大学生天天处于紧张状态。课程可以砍掉一半。学生成天看书，并不好，可以参加一些生产劳动和必要的社会劳动。现在的考试，用对付敌人的办法，搞突然袭击，出一些怪题、偏题，整学生。这是一种考八股文的办法，我不赞成，要完全改变……旧教学制度摧残人材，摧残青年，我很不赞成……课程讲得太多，是烦琐哲学。烦琐哲学总是要灭亡的，如经学，搞那么多注解，现在没有用了。①

师范学校出身的毛泽东对原有的制度化学校教育有着深刻洞见，他的这种批判也是直指其弊端。1951 年，学校贯彻全国第一次中等教育会议精神，这次会议提出"普通教育的宗旨和目标是使青年一代在智育、德育、体育、美育各方面获得全面发展，使之成为新民主主义社会自觉的积极的成员"。学校在会议精神的指导下，逐渐改变解放初期学生社会活动过多的现象，逐渐建立起以教学为中心的新秩序。

1953 年，党中央提出国家过渡时期"一化三改"的总路线（社会主义工业化，对资本主义商业、农业、手工业的社会主义改造）。1954

---

① 毛泽东：《毛主席论教育革命》，人民出版社 1967 年版，第 135–136 页。

年，全国中学教育会议确定"当前中学教育的任务，是以国家总路线的精神教育学生，把他们培养成积极参加社会主义建设和保卫祖国的全面发展的新人"。学校贯彻会议精神，以学习苏联先进经验为方针，以教育改革为中心环节，加强了思想政治教育，同时注意了体育卫生工作的改进。

1954年下学期，国务院通过了《关于改进和发展中学教育的指示》指出："中学教育的目的是以社会主义思想教育学生，培养他们成为社会主义社会全面发展的成员。中学教育不仅要供应高等学校以足够的合格的新生，并且还要供应国家生产建设以具有一定政治觉悟、文化教养和健康体质的新生力量。"学校明确了双重任务，从而开始对学生加强劳动教育和升学与就业两套打算的教育。

1955年，上级教育部门提出："中学必须遵照全面发展的方针，贯彻智育、德育、综合技术教育、体育和美育，使学生获得全面发展。"这是学习苏联先进经验后，新增了综合技术教育的要求。但是，学校内部由于认识上和客观条件上存在问题，对这一要求始终未能落实，只是不断加强了劳动教育。

1959年，学校又开始了恢复以教学为主的办学秩序。

1962年，学校实行"调整、巩固、充实、提高"的方针，恢复了正常的教学秩序。同时，由于在调整中强调劳逸结合，但是体育课程有所削弱。以后，随着教育改革的发展，学校的中心工作发生了转移。

1966年，毛主席作了"五七指示"：学生也是这样，以学为主，兼学别样，即不但学文，也要学工、学农、学军。

1966年到1976年的十年时间中，聚奎学校的命运与其他学校一样，正常的教育教学活动、教学和生活秩序受到了影响。聚奎学校甚至一度在1970至1973年之间停办，教师受到的影响更为深重，学校的校长和教师如罗昌一、罗仲平、张厚圻等重点遭到不公平的对待，几乎学校所有的教师都受到了不同程度的批判。学生更是无心参加教育教学活动，被各种其他社会活动占据了绝大部分的时间。学校曾经在 1972 年恢复办学，但是办学质量没有出现明显改观。

1978 年，整个国家的发展轨迹发生的重大变化，改革开放不仅成为国家层面的发展方法论，也成为教育领域改革的重要先声。1983 年邓小平为北京景山中学的题词："教育要面向现代化、面向世界、面向未来"，成为改革开放以后中国教育改革的基本理念。这样的教育改革理念体现了教育改革的时间和空间的的规定性，勾画了教育变革发展历史趋势，影响了中国 20 世纪末以来教育发展的根本格局。

1993 年 2 发布的《中国教育改革和发展纲要》进一步指明了中国教育改革和发展的路向。1999 年 6 月，全国第三届教育工作会议发布了《中共中央国务院关于深化教育改革全面推进素质教育的决定》。会议对建国以来特别是改革开放以来的教育成就进行了总结，更是旗帜鲜明的提出把推进素质教育作为中国教育改革未来方向。这些都成为彼时学校办学理念的重要来源。聚奎中学有着深厚的办理历史，曾经也形成了独具特色的学校文化和办学理念。在从 19 世纪末开始的办学过程中，诸如"以学校为社会"等具有鲜明特色的办学理念对学校办学起到了重要支撑作用。在国家教育改革和发展步入新的历史阶段的时候，聚奎中学也注重从时代变革中汲取养分，从办学历史中获得灵感，逐步凝练形成了具有时代特色和学校个性的办学理念。学校提出学校办学以"优美的环境熏陶人，悠久的校史激励人，厚重的文化哺育人"；聚奎校友、原中国科学院院长周光召为学校专门提携"志不求易，事不避难"的校训。其义为立志务求高远，不求轻易成功；做事勇往直前，绝不回避困难。旨在告诫学生：要立长志，不要常立志；也要明白任何高远志向的实现都需要付出艰辛的努力。志向高远，脚踏实地，敢拼敢闯，迎难而上方是成就美好人生的不二法宝。学校沉淀和总结了"崇德、笃学、勤思、力行"的校风和"知学、好学、乐学、成学"的学风以及"视学生为己出、视教育为己任、视自己为专家"的教风。逐步在办学思想上凝练提升，形成体系，为各项办学活动奠定了思想基础。

## 二、改革：致力提升教育教学质量

　　教育思想领域的状况最终将影响到了现实中教育活动的建构。有学者把思想变化的状况、社会变迁的方式与教育改革的形态进行了排列组合，将这些组合分为直前式和振荡式两类。新中国成立后学校发展领域的改革是一种"直前式"[①] 的社会巨变，在这种直前式的变化中，从改革贯彻的状况来讲是顺畅的，表现为在学校中指令的畅通无阻，学校教育活动的重构没有遇到阻力，这在聚奎学校新中国成立后的三十余年间表现得尤为明显。改革开放以来，国家发展和社会进步的巨变让聚奎中学进入高速改革和全速发展的新时期。四十年来，学校改革脚步未曾停歇，虽然期间也有踯躅彷徨，但学校整体变革的进程呈现快速向上的态势。国家和社会的发展实现了重心转移，学校的变革也开始在多元化和全面推进的同时更加聚焦于教育教学问题，提升教育教学质量和办学水平成为学校变革持续且稳定的核心。

### （一）探索教学管理体制

　　在人民政府接管后，聚奎学校与当时其他的学校一样走上了调整与改制的道路。在新的国家建立初期，整个教育的发展首先要面对的就是接管旧学校和建设新学校。国家新建初期的学校是旧有制度遗留下来的模式，这些旧学校主要包括国民党统治区的旧学校、外国教会举办的教会学校。新中国成立初期在一系列政治改革运动的影响下，教育系统内部进行了大规模的制度改革，这些改革都是政治改革运动在教育领域内的延伸，从 20 世纪 50 年代以学习苏联教育经验为特征的文化教育建设

---

① 吴康宁：《社会变迁对教育变迁的影响》，《华东师范大学学报（教育科学版）》1997 年第 2 期。

到 20 世纪 60 年代的教育革命，再到 70 年代初，"教育革命"新模式确立了教育系统中的地位。这些教育制度的改革和调整在领导体制上确立了由工农兵掌管教育领导权，改变由旧知识分子、教育专业人员治校的局面。学校由工农兵毛泽东思想宣传队、革命干部和革命师生"三合一"组成的"革命委员会"管理，但以工农兵为领导。在学制上，小学缩短到 4 至 5 年，中学也缩短到 4 至 5 年，大学缩短 2 至 3 年。在教学管理上，要精简课程，强调学习实用性的"三机一泵、四大作物"；在教学方法上，师生要到工厂、农村、军队或学校自办的工厂去参加"三大革命运动"，从实践中学习。在师资选拔制度上，要选拔革命知识分子当教师，并请工农兵和革命干部到学校讲课，原有教师或被免除职务进行批斗，或长期下放、劳动改造。在招生制度上，废除了旧有的招生考试制度，采取"自愿报名、群众推荐、领导批准、学校复审"的推荐制度，工农兵及其子女优先入学。中国教育结构的这种变化与更为广阔的社会文化结构是一致的，学校的管理体制尚未厘清相关标准、规则和秩序，存在某种程度的混沌状态。

尽管 1957 年聚奎学校建立了党支部，希望用另外的一套管理体制增强学校管理的有序性，然而作为教育教学活动，聚奎学校实行的党支部领导下的分工负责制贯彻并不彻底，对学校管理工作的改观也十分有限。党支部的建设打通了当时政治改革运动与学校办学业务管理之间的通道，但是学校的管理却因为对新体制的适应而一度显示出无序和无所适从。到了 1962 年，聚奎学校遵从党中央的规定，党支部对学校行政起保证监督作用，书记兼任校长。这从实质上确立了党支部领导学校一切的体制，教育教学更多与党的各项活动结合开来，教育教学的业务管理更多具有了党务管理的特质。

1953 年 1 月，教师员工到成都参加思想改造学习，提出"教学工作是压倒一切的中心任务"，克服课外活动多、教学以外负担过重的问题。这一方面保证了教学活动作为学校主要任务的功能定位，但是也在一定程度上初现了应试教育的萌芽。1954 年 10 月，四川省政府任命黎宗权和罗昌一为江津三中（聚奎学校）的正副校长，后来罗昌一被选为县人民政协常委。1957 年，学校实行党支部领导下的分工负责制。1958 年 9 月，刚开学的学校停课下乡参加双抢、三秋及制造卫星田的劳动，10 月，学校组建全校师生民兵团，罗昌一任团长。直至 12 月份，学校恢复上课。1958 年，学校大力组织学生参加校内的勤工俭学劳动和下乡参加农忙劳动，经常停课。此后，学校又陆续停课参加"除四害""大炼钢铁"的群众运动。直到 1958 年底，学校才恢复正常上课，实行"一一五"制，即每周休息一天，劳动一天，上课五天。1959 年上半年，学校逐渐恢复了教学秩序，要求在工作中用阶级观点、劳动观点、唯物观点、辩证主义观点教育学生。

1962 年 10 月，学校开始纠正片面追求升学率的做法，也开始实行"党支部对学校行政的保证监督作用，对学校党的工作，思想政治工作，群众团体起领导作用"的规定。这一年，学校也开始贯彻国家对经济实行的"调整、巩固、充实、提高"的方针，对学生进行上山下乡教育，停办了初中。1963 年，学校实行在行课期间学生每周参加劳动半天，每一学期农忙时集中参加劳动一周。

1964 年 8 月，在学校招生工作中贯彻阶级路线，批判凯洛夫的《教育学》（凯洛夫的教育学观点重视智育在全面发展教育中的地位和作用，认为"学校的首要任务，就是授予学生以自然、社会和人类思维发展的深刻而确实的普通知识"，形成学生的技能、技巧，并在此基础上发展学生的认识能力，培养学生的共产主义人生观；肯定课堂教学是学校教学工作的基本组织形式，强调教师在教育和教学工作中的主导作用。

此外，还有值得一提的便是对聚奎学校成就有重要支撑作用的董事会制度的变迁。董事会制度产生的社会和经济基础在于财产的私有和社会中间阶层的壮大，作为社会中间阶层的士绅具有很高的政治地位和经济地位。他们出于利己动机也好，出于社会责任也好，都有着积极参与教育事业的热情。同时，国家层面内忧外患的形势客观上削弱了政府对学校的控制，使得这些人能够顺利介入到学校活动中。没有合理的制度安排，利益团体和院外活动缺少规制，这些力量不但不能形成促进学校发展的合力，反而成为导致学校低效和混乱的怪力、阻力。董事会制度的产生恰恰起到了统合、协调和促进的作用。于是我们看到在董事会制度确立后的二十余年中，学校的发展突飞猛进。在 1946 年以后的三年里，经济形势和政治形势出现了大波动，特别是经济活力大为降低，经济秩序破坏严重，整个社会的总资源在萎缩和流失。此时的董事会制度缺少了必要的经济基础，其作用发挥受到极大限制。到了 1953 年以后，国家的政治制度和经济制度大为改变。保守的士绅阶层作为革命对象被消除，私有制也被作为与国家政治制度的反向制度被取消。董事会赖以生存的经济基础发生变化，社会地位也随之发生变化。董事会制度随着学校被县政府接管而被取消。由此可见，学校制度的选择与变迁必然是基于特定的政治和经济语境。学校制度自身是处于非常下位的社会制度，其本身创新和创造的空间是非常小，自我更新的能力很弱。只是在核心制度如治理制度、人事财务制度等之外，学校尚可有所作为。然而作为完整的制度系统，仅仅就一些细枝末节的调整难于对学校的发展和改革起到根本的促进作用。而这个时期前苏联个特别是凯洛夫的教育思想对学校的管理也产生了重要的影响。凯洛夫的《教育学》要求不仅在课堂教学中强调教育性，在整个管理工作中也要凸显共产主义理想、无产阶级情感和集体主义观念。客观来看，共产主义理想、无产阶级情感和集体主义观念对学校的班主任制度和教研组制度起到了推动作用。

关于学校制度的变革，从改革开放以来的整体探索从未停止。探索始于我国从计划经济向市场经济转轨的历史时期。20 世纪 90 年代初期，一种新的以现代办学制度和现代内部管理制度为基础的现代学校制度进入教育理论研究者和学校办学实践者的视野。聚奎中学也从 1992

年开始逐步进入学校制度变迁的进程，虽然这些变革并未从根本上改变学校制度属性，但是在教学、人员管理等方面却不断在尝试和探索。2002 年过后，全国范围内的学校体制改革和构建现代学校制度的步伐加快，在学校管理上开始逐渐体现当时关于现代学校制度变革的诸多特点，例如开展参与式管理和民主管理等改革。而这一时期学校制度变革和调整的特点也发生了变化，从原来剧烈的"直前"式的变革转向"渐进"式的调整，从以行政指令为主策动的变革转向诱致性的主动变革。

### （二）调整学校课程设置

教育教学活动具有其内在的专业性，遵循人的认知和学校本能，需要对之进行专业的管理和设置。但是，管理体制改革中的问题波及到了正常教育教学活动，学校正常的教育秩序受到外界干扰。聚奎学校的教育教学管理活动也因为制度上的不足而受到影响，学校的课程设置出现不稳定的状况，人才培养质量受到影响。课程改革是学校提升办学质量的核心，不同于聚奎中学发展的其他历史时期。新中国成立后的聚奎中学非常注重课程设置和改革，这明显区别于以往学校变革中课程改革的地位和作用。从历史的角度评判历次课程改革功效和作用，我们发现20 世纪 20 年代的民国课程改革因为教育理念的纷争和制度的混乱而失败告终。新中国成立后的三十余年中的课程改革的波动较大。真正迎来课程设置改革多样化、科学化的是 20 世纪 90 年代掀起的数次课程改革浪潮。关于人才培养的理念和实践在课程改革中不断被推进，成为推动包括聚奎中学在内学校办学质量提升的基础。

1953 年 9 月，学校开始执行教育部颁布的数学、物理、化学和生物的教学大纲，高中开设制图课。1955 年 9 月，学校停止讲授社会科学常识，高三改为宪法课，初三改为政治常识。同时，按照标准语言推广注音字母。1956 年 3 月，学校接到上级命令，停止开设音乐课。实行了半年后，音乐课又再次出现在学校课程表上，并改设英语课取代俄语课。9 月，学校全面采用新编教科书，开始按照教学大纲教学并采用统一参考书。。此外，团干部进驻学校，学校自己也开始专设团干部。历史、地理、物理、生物等教材进行了大量缩减。11 月学校又停开政治课，改设社会主义教育课。

1958 年 2 月学校又恢复了语文课，不再分文学、汉语课，推行汉语拼音方案。9 月开学后，学校又号召师生人人制定大跃进计划，学生停课下乡参加双抢、三秋及制造卫星田活动。直到 12 月份，学校才恢复上课。1959 年，在经历了一段时间混乱后，学校提出逐步恢复教学秩序。学校再次调整政治课内容，在初中开设了政治常识课和时事政治课。1960 年 2 月，学校决定初中不再设置算术课。1961 年 9 月，学校调整政治课内容，初中设置道德品质教育、社会发展简史、中国革命与中国共产党，高中设置中国革命和中国共产党、辩证唯物主义课。1962 年 9 月，学校高中开始设置解析几何课。1963 年 2 月，学校每周增设了一节写字指导课。9 月，学校又在初中增加了生产知识课，传授农业生产知识。同时，调整政治课内容，高中政治课在原来基础上增加了经济史。1964 年，学校再次对政治课进行了改革，响应"课程可以改掉一半"的指示进行了调整，课外作业减少，考试测验相应缩减。高考也进行了改革，理工农医类不考生物，文史类不考数学。高中政治课内容改为高一高二授《毛泽东著作选读》，高三授辩证唯物主义常识。1965 年，教育部不再规定最低录取标准，由各校按成绩高低分段择优录取，首选政治好的学生，聚奎学校高中毕业生升学人数显著减少。部分学科在教学中出现"语录进课堂，试卷引语录"的现象，开始实行开卷考试。1966 年 9 月，新生入学，但是没有开设文化课。1966—1976 年，学校没有正常的教育教学活动，课程设置处于空置的状态。

至此之后，学校逐步恢复了正常的教学秩序，课程设置也趋于平稳，除了在 1980 年和 1986 年进行了两次政治课的微调之外，其他课程设置基本上处于较为稳定的状态。1990 年 9 月，聚奎学校试用了《重庆历史》《重庆地理》作为初一和初二的补充教材，这也成为学校进行本土教材、校本教材开发和使用的尝试。此后，全国范围兴起的校本课程理念和实践对聚奎中学课程设置影响巨大，学校逐步开发了更具特色化合格性的教材，包括白沙历史和聚奎校史的内容进入学生课程。

　　学校的教育活动因为教育思想上的不确定而处于摇摆的状况。以学校学习凯洛夫的教育思想和理论为例，体现了当时教育活动中的摇摆状态。1953 年 5 月，北京师范大学实习生和前苏联专家普希金教授一起听了北京市六女中初中二年级一位语文教师上的"红领巾"观摩课。同年 5 月 27 日，在普希金意见的基础上，北京师范大学的中文系学生再次对"红领巾"教学法进行了操作。这次的教学法操作用了四节课，每次课上都由学生先讲课文内容，教师再运用谈话法对学生的学习进行引导和启发，最后由教师对课上内容概括并加以总结。这件事情引起了当时教育界的轰动。1953 年 7 月，《人民教育》发表了"从红领巾的教学谈到语文教学改革问题"。这篇文章详细介绍了普希金教授的这次行程以及观摩后的意见，同时也刊登了红领巾教学试教的经过和参与师生的体会。这引起了广大教师的注意，全国各地纷纷组织学习讨论和观摩教学，并在全国迅速推广开来。"红领巾"教学法对课堂教学的最大影响是，"谈话法"广泛普及，对旧的注入式教学产生了极强的冲击。应当说，"红领巾"教学法对当时学校的教学提供了新的思维，对旧的教学方式中注入式的逐字逐句讲解的方法是一次较大的冲击。普希金教授的意见对我国的语文教学改革起到了一定的推动作用。当时一些教研组曾硬性规定教师每节课讲授不得超过二十分钟，用二十分钟以上的时间，保证学生发问或答问。这种方法也影响到了其他学科的教学。聚奎学校也从语文课开始推行"红领巾"教学法，逐步推广到各科统一实行"五步教学法"，即组织教学、复习旧课、讲授新课（多采取谈话法）、巩固新课、布置作业等。学校统一确定一定的程序格式，要求各科教师编写教案，由教导处、各教研组严格检查。这种方法在短时间内建立了正常教学和教改秩序，教学质量有所提升。普希金尖锐地批评了中国小学语文课中的问题。他认为中国教师常把语文课教成政治课，妨碍了语文的发展，"不应说教师谈思想政治方面多，就是进行了思想政治教育，思想政治教育如果只意味着教师多次提到思想政治教育的名字，就成为人工的、造假的了；有些语文课具有鲜明的思想政治教育意义，他并不需要教师多讲，只能要求在整个语文课中有高度的思想政治性"①。对待凯洛夫教育思想的态度反映了当时教育系统教书育人导向上的问题，这些问题在现实的教学过程中造成了大量的教学效率和质量问题。

新中国成立初期的基础教育发展和课程改革处于一种螺旋式的循序渐进状态，但是国家所进行的教育改革对于初步建立新的国家课程体系有一定助益，特别是对迅速建立具有社会主义性质的教育课程体系起到了关键作用。在某种程度上，聚奎学校的课程命运与国家民族的命运在新的国家建立以后更加紧密地联系在了一起。整个 20 世纪学校课程的变革跟随着国家经历了起落沉浮，学校课程改革也经历许多波折。从 20 世纪末开始，学校课程改革进入更加快速和更加稳定的局面。国家在 1999 年颁布《面向 21 实际教育振兴行动计划》和《中共中央国务院关于深化教育改革、全面推进素质教育的决定》、2001 年颁布《国务院关于基础教育改革与发展的决定》，到 2004 年《基础教育课程改革发展纲要（试行）》，中学教育进入了前所未有的新的课程体系阶段。此次课程改革旨在从课程功能、课程结构、课程内容、课程实施、课程评价和课程管理六大方面全方位地改变课程体系。由于课程管理方面打破了过去课程管理过于集中的状况，开始实行国家、地方和学校三级管理体制，允许各地、各校在达到国家规定课程的基本要求下，规划、开发

① 李书磊：《村落中的国家：文化变迁中的乡村学校》，浙江人民出版社 1999 年版，第 167 页。

和管理地方课程，并发展学校课程，即校本课程。聚奎中学也在新一轮的课程改革中进行了诸多调整，借助整个课改的推动力对学校课程进行了优化，为此后教学质量提升奠定了基础。

## 三、立足传统的时代起航

### （一）步入发展的快车道

新中国成立后教育领域的调整是一种杂糅式的教育变迁和学校重构。相较于前期，这个时期对教育体系的改造具有很强的进步性。改革开放以后，教育领域的调整变化对今天我们教育的影响更加深刻。当然这种深刻也是建立在对前期教育改革的反思和总结基础上出现的。20世纪80年代的教育改革同样是以理念上的反思作为前奏。这次的反思是彻底而深刻，持久并广泛的。教育在反思调整后迎来了相对稳定和大跨度的发展。聚奎学校也如同其所在的教育体系一样，开始了调整与恢复，学校也慢慢有了生机与起色，开始找寻当年全川名校的景象。1977年，教育系统中响应尊重知识尊重人才、教育大干快上的思想。聚奎学校大规模增加招生，在校学生达到1224人。到1983年国庆节，邓小平在北京景山学校题词，即"教育要面向现代化，面向世界，面向未来"。这对处在调整恢复期的学校来讲意义非凡，学校办学的指导思想开始转入新的轨道上来。这种思想上的调整也正在以更加明确的表述方式传达到教育改革的方方面面。中共中央于1985年5月颁布了《中共中央关于教育体制改革的决定》（简称《决定》）。《决定》是我国新时期以中共中央名义发表的第一份内含"改革"这一关键词的文件，是与经济体制改革"配套"的一项改革决定。《决定》认为教育领域中存在的问题（特别是教育体制存在的问题）尤为突出，主要体现为：教育管理权限的划分不合理，政府部门的权限过大，学校权限小，从而使学校失去应有的活力；教育结构存在缺陷，基础教育薄弱；对从小培养学生的独立生活和思考能力不够重视等。要彻底改变教育中存在的这些弊端，就必须以教育体制为突破口，系统地进行改革。在总结前面八年教育改革的基础上，中共中央、国务院于 1993 年 2 月发布了新的教育改革文件《中国教育改革和发展纲要》（简称《纲要》）。《纲要》提出，随着政治体制、经济体制与科技体制改革的不断深化，教育体制改革要加快步伐，逐步改变在计划经济体制下形成的包得过多、统得过死的体制，逐步建立起与社会主义市场经济体制、政治体制和科技体制相适应的教育体制。教育体制改革主要涉及：办学体制的改革，即改变政府包揽过多的局面，逐步建立起以政府办学为主、社会各界办学为辅的体制。《纲要》还提出"中小学要由'应试教育'转向全面提高国民素质的轨道，面向全体学生，全面提高学生的思想道德、文化科技、劳动技能和身体素质，促进学生生动活泼地发展"，要求"学校办出自己的特色，普通高中的办学体制和办学模式要多样化"。

在这一系列的文件发布不久，聚奎学校就按照上级要求开始增强办学活力。学校的课程结构也发生了诸多变化，特别是人文社会科学类的课程进行了大幅度的调整与改革。从 1980 年开始进行了丰富和调整。从单一的学习伟人著作改设为"青少年修养""社会发展史"和"政治常识"三门课程。从 1981 年至 1988 年"政治常识"被"法律常识"所代替，在 1990 年"法律常识"又被"政治常识"所代替。从 1983 年开始，学校重新开设 1957 年停开的"外国经济地理"，1990 年学校更是在初中增设了乡土教材"重庆地理"和"重庆历史"。除了课程外，学校开始恢复原有的勤工俭学和校办产业，到了 1985 年和 19 86 年学校的预算外收入居然一度达到政府拨款的 17%。1986 年聚奎学校的拨款总额为 248364 元，整个预算外收入占拨款的 17%，已经相当可观。这部分预算外的收入主要用于继续再生产的投入、教职工奖金和学校的道路修缮等，并且还有相当部分的结余。具体如下：

**表 18　聚奎学校 1986 年预算外收入状况**

| 收入项目 | 1985 年收入结存（单位：元） | 1986 年收入金额（单位：元） |
|---|---|---|
| 复习培训费 | 13288 | 34918 |
| 电影放映费 | 565 | 1306 |
| 加工房收入 | 2870 | 750 |
| 渔场收入 | 1083 | 702 |
| 其他收入 | 4855 | 4100 |
| 小计 | 22661 | 41776 |
| 总计 | 64437（支出 54100） | |

即便是现在看来，如此活跃的学校经营活动仍然具有很强的探索性。学校办学突破了诸多限制和束缚，开始关注学校的经营和发展，关注教师的生活。然而，除了这些积极的变化外，学校教育中也产生并开始蔓延另外一种现象，那便是应试教育的发展。从 1978 年开始，聚奎学校自己组织和参与上级组织的各类比赛、竞赛、考评不胜枚举，每年学生需要面对的各级各类考试达到十余种。应试教育已经逐渐形成一种风气在教育系统和学校中出现，名目繁多且重复多余的评比、考试、竞赛充斥在教育教学活动中。但是，总体来说学校教育教学还是走上了一条稳定和改革的路子。

当然，这一时期学校变革的探索还集中体现在了学校组织制度上。学校制度和机构曾经一度处于半瘫痪的状态，工作架构残缺不全，工作机制运转不畅，各种制度也无法发挥作用。1978 年后全国范围内开始恢复、重建与调整，在学校这样的纵观层面上更加侧重于制度的重建。而恢复和重建之后，学校规模扩展和质量提升也是依靠着良好的制度保障开始。从 1978 年开始，学校便处于制度上的重建和改进。1978 年开始，学校撤销了红卫兵组织，恢复建立学生会，废除革命委员会制，恢复校长制，开始实行党支部领导下的分工负责制。制定了党政干部、班主任、教师工作职责、请假考勤制度和学生守则等十余项规定。1978 年开始学校在全国恢复高考的节奏中逐步走上了恢复调整的道路。1980 年 7 月，地区招生委员会举行高考前预选考试，聚奎学校十个班 285 人，没有一个学生考上本科，仅有 24 人考上大专。1980 年 9 月，学校开始调整政治课，政治课设置了青少年修养、政治常识、社会发展简史、政治经济常识、辩证唯物主义常识等五门课。1981 年 2 月，学校在初中和高中部重新开设英语课。5 月 19 日，学校专门组织教师听赞科夫和布鲁纳的教育学说的录音。学校在 20 世纪 80 年代以后也开始重视学校的传统教育，意识到了内在底蕴对于一所学校发展的作用。学校开始恢复和发展学校的园艺园林建设，开始征集校史资料、文物，开始把学校的文化底蕴渗透到学生培养之中。1982 年学校提出了"树理想、求真理、讲团结、重朴实"的校风，并由陆孟弟作词、曾令端作曲，写成《校风歌》。聚奎学校也在 1984 年从江津三中恢复了聚奎的名称，定名为"四川省江津县聚奎中学"。1987 年，学校又总结聚奎精神为"求实、进取、吃苦、团结"，并以此作为教育学生的要求。在反思和总结基础上，学校的重建步伐逐步加快，学校各方面的工作都有了起色，特别是教育教学活动逐渐恢复了正常。第一，建立了常规管理制度。学校每学期都要制定工作计划，摆出行事日历和课程表，陆续制定了《教师工作职责》《师生考勤规定》等管理文件，填写教学日志，定期检查教案，严格管理学籍，严格执行升级留级制度。第二，全面提高教学质量，采取文理并举、初中高中并重的方针，加强文科教学，抓住数学、英语等关键学科的教学，以扭转文科班落后的局面。第三，坚持教学从实际出发的原则，要求教学方法不拘一格，反对教学方法上一刀切的形式主义。第四，教研活动注重实效。学校不再统一搞频繁的业务学习和教研活动，而以钻研大纲、教材，备好课以保证课堂质量为重点组织教学研究；第五，建立教学工作上的激励机制，如底分评估制、教学工作评估制、教师业务档案管理制、效益奖金发放制等等，这些管理上的改进更加注重考虑教师作为社会个体的需要，起到了很好的凝聚和激励作用。应当说，从 1978 年开始的各项重建工作取得了很好的实效，整个国家教育系统的正常秩序得到初步恢复。聚奎学校也在重建的基础上逐步提升和扩展，学校的教育教学质量在稳步提高。

在学校内部管理体制改革方面，主要进行了校长制和校长负责制为核心的管理模式的探索。尽管学校在 1978 年就恢复了校长制，但是校长仍旧是处于党支部的领导之下。直到 1989 年，学校才确立了校长负责制，确立了校长的行政核心地位。校长负责制的管理体制，在实践中主要进行四个方面的探索，即明确校长是学校行政系统的最高领导者和对外全权代表学校，掌握从决策到指挥的全部行政权力，并负有与上述权利相应的责任，明确学校党组织和行政组织不是领导与被领导的关系；明确分工和授权的关系，保证班子成员之间关系协调，行政指挥渠道畅通；建立职工代表大会制度；实行领导职务任期制。① 恢复校长负责制可以说是学校制度变革的重要节点，从此开始后的三十余年间，学校的制度及其架构不断发生着各式各样的变化。恢复 1978 年校长制和 1989 年校长负责制以后，学校也进一步恢复了教导处和总务处的设置，设教导主任、副主任；增设了学校办公室，设办公室主任；增设德育处，设德育处主任。随着学校制度建设的步伐加快，学校又陆陆续续增设了行政办、党政办并分别设置了主任和副主任，增设了教科处并设置主任、副主任，增设了年级主任及主任助理，增设了法制安全科及科长等机构和职务。随着教育目标的调整和办学理念的变革，学校的制度及其机构建制也发生了细微的变化，德育处改设为德育体育处，党政办改为党建办，并在教导处下设置了招生办。学校管理的内部架构逐渐形成，为学校进一步的探索发展奠定了组织基础。

## （二）打造"聚奎新名片"

白沙镇作为长江上游航运码头的历史已经远去了，原有的区位、文化和经济特点都已变化，新的城乡、商业和社会结构已经形成。白沙也像千千万万个曾经繁荣过的航运码头市镇一样，在新的时代节奏中慢了下来。经济、政治和文化中心的转移让这座曾经喧嚣的长江水驿日渐平静，聚奎

---

① 　李文长：《基础教育改革的回顾与前瞻》，人民日报出版社 1998 年版，第 99 页。

学校在不断被滚滚东逝的江水洗礼后也再度焕然新生。从城乡二元结构的角度来看待白沙镇与聚奎学校的经历似乎更能说明这种客观情况。新的城市中心和经济中心呼唤新的教育中心，白沙镇与聚奎学校必须面对这种时代转型。而国家推进的教育均衡发展再次让聚奎学校看到了发展的机遇。只是在经历了起落沉浮以后，如何对待办学历史和教育发展趋势应当被置于今天的时代背景下再度沉思。笔者在调查过程中遇到一个现象：

在白沙镇中心汽车站门口聚拢了十余个摩托车司机，他们说笑聊天。我走上前去问："兄弟伙，到聚奎中学怎么走啊？"其中一个看起来三十出头的精瘦的司机马上开始发动摩托，往前凑过来说："走哪点儿啊？"我又重复了一遍："聚奎中学。"精瘦的司机一脸茫然，转头问另外的摩托车司机："你们晓得不，啥子中学？"令笔者没有想到的是，周围十余个司机居然一半人都不知道白沙镇有个聚奎中学，不知道聚奎中学的位置。其中有个年龄稍微大一点的司机从后面凑上来大声说："就是三中撒，黑石山的那个三中。"于是，这些人恍然才知道，原来他们所知道的三中原来还有个名字叫聚奎。

这件事情让人非常诧异，当年作为白沙一面旗帜的聚奎学校在今人印象里已经不清晰，甚至是遗忘了。仅仅是从当地人的知晓程度来看，聚奎学校已经远离了今天的常人话题，越来越不为人所熟悉。学校从1984年恢复使用"聚奎"的校名，中间有三十一年未曾使用聚奎的校名。今天如何再让聚奎的成为一张优质教育的名片，让那个曾经的楷模再度辉煌，成为今天聚奎继承者们首先需要思考的问题。聚奎学校的继承者们已经意识到了问题的紧迫性，认为聚奎学校的百年名号要努力振兴。当然，聚奎学校曾经有过的楷模美誉有着特殊的历史背景和时代机遇，今天的聚奎中学也在力图通过各种途径恢复往昔名噪全川的荣耀。从20世纪90年代开始，学校就一直在为实现聚奎的复兴而努力着，而聚奎荣耀的复归系于"重点学校"称号的获得。教育部在1978年1月发布《关于办好一批重点中小学试行方案》，1980年10月教育部又颁布《关于分期分批办好重点中学的决定》，认为办好重点学校是迅速提高学校教育质量的一项战略措施。聚奎学校也在1978年提出了申请，顺利成为当时的永川地区重点中学，1981年再次调整之时，聚奎学校再次成为当时的地区重点中学。1984年学校恢复了旧称"聚奎"。这时，学校开始着手抢救图书、文物，培植园林，增添校舍、设备。1992年，学校列入《全国名校·中学卷》。2003年被评为重庆市"市容整洁单位""园林式单位""绿色学校"。2003年5月，学校通过重点中学的评估验收。2004年1月，经重庆市人民政府正式行文批准，成为重庆市重点中学。今天，聚奎中学骄傲地把"重庆市重点中学"的牌子打在学校各种称号和荣誉的最前面，显示着学校的办学层次和水平。

　　另一项重振聚奎声誉的活动是开办聚奎大讲堂，它也是江津区和聚奎中学打造的"文化名片"。聚奎大讲堂是以江津聚奎学校鹤年堂为依托，由江津区委、区政府在2009年着力打造的文化对外宣传及交流的窗口与平台。它以"推动科学发展、促进文化繁荣"为主题，通过邀请专家学者和行业领军人物开展专题讲座，使江津干部群众能经常接受思想文化熏陶，启迪新思维、传播新文化、培育新风尚，营造良好的文化氛围。江津区努力将聚奎大讲堂打造成为具有江津地方特色的文化品牌，以此提升江津文化软实力，助推江津区域性中心大城市建设。这一举动倒是与百年前的聚奎学校非常相似，学校成为社区的文化集中的高地，学校与所在社区形成了文化互涉，释放了文化功能，学校与社区之间呈现出了新型的良性互动。

表19　聚奎大讲堂设立以来的讲题与主讲人

| 主讲题目 | 主讲人 |
| --- | --- |
| 纵论中华民族伟大复兴之路 | 王银峰（时任江津区委书记） |
| 经典与人生 | 杨恩芳（时任重庆市新闻出版局党组书记、局长） |
| 革命的理想与信念 | 厉华（时任重庆红岩革命历史博物馆馆长） |
| 论实事求是 | 梁衡（时任《人民日报》副总编） |
| 领导干部修养 | 周放（时任中共重庆市委党校、重庆行政学院副校长） |

续表

| 主讲题目 | 主讲人 |
| --- | --- |
| 卓越执行力的提升 | 曾国平（时任重庆大学贸易与行政学院党委书记、博士生导师） |
| 质量在加快转变经济发展方式中的作用 | 程虹（武汉大学质量发展战略研究院院长、经济学博士） |

从讲堂内容结构来看，选题的范围涵盖了的政治、经济、文化和教育等领域，从主讲人的背景来看，他们大多数有着学术、行政与政府的职业背景。聚奎大讲堂的受众范围也突破了学校范围，除了学校师生，还有社区居民、公职和机关工作人员等。但是作为一项依托聚奎学校历史积淀的文化活动，聚奎讲堂的选题略显缺乏主线和针对性，对聚奎历史的回顾和宣传尚需进一步提高。虽然聚奎学校之后也邀请了如周光召等知识界的校友来校讲座，但是如何选择适切于聚奎历史并贴近于这个时代学生成才和学校发展需要的讲堂内容，举办者们仍旧需要认真的思考探索并找到答案。可喜的是，聚奎讲堂正在逐步调整讲座题目和主讲嘉宾的结构，不断邀请教学名师、学者、专家，从成才成长、优秀传统文化传承等方面加强对师生的引导。

当然，除了打造这些新的聚奎名片，学校还有很多其他探索性的思考与行动值得肯定。例如对学校文件建设工作的思考，对校风、校训、教风、学风的总结提炼等等。聚奎学校像今天的很多其他学校一样，领导们要努力总结和提炼学校校风、校训、教风、学风，教师们要努力钻研业务、备课、教学、复习、检查，学生们要努力上课、写作业、模拟考试。领导们在思考学校的发展时认为学校缺乏有凝聚力的价值理念。于是，从2012年起一场关于办学理念的讨论在聚奎学校持续进行，学校还邀请了一些专家把脉会诊。最终，聚奎中学提炼出"做最好的自己"的办学理念，即要求学生、教师和学校做独特的自己，找到自身的特色，走一条适合自己的发展道路；和过去的自己比，不断完善自我，超越自我，尽可能发展到力所能及的最好程度。这场经由领导教师参与、专家把脉会诊，并经领导"同意"了的讨论，最终使"做最好的自己"成为学校的办学理念。这场讨论的缘起、指向、进程和最终呈现出来的办学理念代表了今天的教育实践者们力图实现学校更好更快发展的愿景和努力。此次学校办学理念的确定与1925 年学校《学校章程》的订立以及 1933 年学校办学宗旨的修订非常类似。1925 年，新成立的聚奎学校董事会便在"学校宪法"——《聚奎学校章程》中提出"完成国民教育，授以生活必需之知识技能为宗旨"，1933年的修订中把宗旨的具体内容细化为"培养健康体格、陶冶良好品性、发展审美情趣、增进生活职能、训练团结精神，养成爱国爱群之观念"。且不论"做最好的自己"与"完成国民教育，授以生活必需之知识技能为宗旨"在内容、旨趣和表述上的差异，仅仅就提炼办学理念的技术环节来讲，"学校章程"的方式更具有参与性，更具权威性。"做最好的自己"这种口号带有强烈的心理暗示动机和浓重的成功欲望，无疑在这个时代有它的市场，这个口号式的办学理念似乎是在向人展示学校的决心和信心。然而，我们仔细审视"做最好的自己"就会发现，它最早的提出者是商业精英，它针对的是职场文化和就业文化，它是基于个体的特殊经历和特别思考而形成。如何阐释好这些观念，如何把具有浓郁时代特色的积极的价值观念传递给学生，聚奎中学做了许多有益探索。学校邀请知名校友和社会贤达到校与学生开展交流，用成功的典型和正能量激励学生，帮助学生树立正确的价值观和积极的人生态度，引起了学生良好的反响。

　　学校也在教学改革中打出了一张新名片——翻转课堂。2011 年，随着国家《基础教育课程改革纲要的颁布（试行）》，学校开始实行新课程改革。对教师实行全员培训，通过"请进来，走出去"的策略提高教师素质。为鼓励教师贯彻新课程"自主、合作、探究"的新课程理念，学校提出了"少讲、多学、合作、共赢"的教学理念，开始实施"541"高效课堂教学模式。即教师的讲解不得超过课堂时间的 50%，学生的自主学习时间不得少于 40%，学生交流展示的时间不得少于 10%。由于"541"课堂的推行，教师的教学理念、教学方式等有了较大的转变。在推进"541"工作的同时，学校加大了推进"翻转课堂"教学模式的研究。该模式是在因特网和"云计算"环境下，学生在自习课或课外，用移动智能终端（平板电脑）从服务器上下载并学习教师预先录制的教学精讲视频（微课），回到课堂上师生之间、生生之间面对面交流、讨论和完成练习的一种教学形态。"量身定制学习方案，因材施教"，"让学习突破时空限制（随时、随地、随需）"等成为其核心理念。2012 年，翻转课堂取得重大突破，不仅成为重庆市重点课题，而且在国内中小学教育中取得了较大影响力。深圳、上海、天津、山东等十余省市 80 余所学校的教师来校学习；《校长》、《中小学信息技术教育》、《中国教师报》以及重庆电视台等多家媒体进行了专题报道。聚奎中学的翻转课堂被认为是中国基础教育阶段最早借鉴教育技术成果改造传统课堂教学模式的首创者，其良好的教学效果和影响力已经被更多一线中小学所认同，也引起了理论研究者的重视。多年来，到聚奎中学参观、考察和学习的学校、教师和研究者络绎不绝，真正成为新时代聚奎的新名片。在新课改的浪潮中，聚奎中学以翻转课堂改革而全国知名的中学，有"中国翻转第一校"的美称，也是重庆市唯一一所向游客收取门票的中学。

### （三）办学质量稳步提升

在不断的教育教学改革中，聚奎中学的办学质量逐步提升，中考和高考成绩不断刷新历史记录。以 2015 年高考为例，百年名校聚奎中学不负众望创造历史新高。全校 1561 人参加高考，1530 人上线，上线率达到 98.1%，比全区平均上线率高出 5 个百分点。各批次上线率提升明显，高分考生人数大幅增加，体育、艺术、飞行员均有斩获，出现了文理并进，体艺齐放的升学局面。重点本科首次突破 200 大关，裸分上线 211 人，增幅仅次于江津中学，创造了聚奎高考新纪录。本科上线再次超越千人，达到 1007 人，上线率 65.8%，比去年增加 6 个百分点。从升学率反映的教学质量来看，聚奎中学无疑是在不断提升的。在促进学生全面发展的过程中，学校也取得良好成绩。

不同时代评价一所学校的标准各有差异，这种差异源于社会对于教育价值和功能的基本判断。然而，如杜威所说的教育的真正价值和目的正是教育本身，教育自身以外没有目的，它就是它自己的目的。在今天的时代，国家间的竞争是以经济发展为核心的综合国力的竞争，人们越来越看重经济在社会发展中的核心作用。经济核心对于教育活动的辐射和控制便是功利化动机对教育思想领地的侵占，是对教育目标、教育内容和教育评价标准的浸染。在强大的经济逻辑面前，"教育依据功利的原则来完成对自身结构的重新建构过程，其结果是教育具备了某些功利形态。功利原则是一种理性的原则，也是一种社会行为模式，我们可以将功利原则简单地表述为效益最大化、追求实用性。种种迹象表明，现代教育越来越崇尚，或者说越来越依赖这些功利原则，并将其转变成为教育的基本原则，从而使得教育具备功利形态"①。评价标准的难题是当今教育改革中的重大课题，如何科学的评价学生从而引导促进学生发展是体制机制改革的核心。包括聚奎中学才内的学校、教育实践者和教育理论研究者都在反复思考与实践。

聚奎中学也在积极应对这样一个时代命题，学校的活动始终围绕提高人才培养质量而展开。学校不但在人员物资上向升学率倾斜，也在管理制度、学生活动等方面为提高教学质量和效果服务。笔者在调查中发现学校从校长到班主任，每天早间必须到教学楼。在高三教师的考勤表上，清楚地记录着班主任、教师早自习、晚自习、白天出勤率均为100%。2012年的高考前夕，学校为了提升学生士气举办了高考誓师大会。就在笔者结束论文的2014年2月27日，学校又举行了新一年的高考百日誓师大会。不仅是学校领导、教师和毕业生参加，就连学生的家长也被请到这样的现场。在誓师大会上，学生们纷纷签上自己的名字，立志考取名牌大学。家长们也给学生加油打气，希望学生们考出好的成绩。"高考必胜"的呼声响彻了这座百年前为家国天下的抱负而努力的书院。

同样是这片场地，一百年前1911年辛亥革命前夕在聚奎学校举行的另外一次誓师大会也同样有着重要的意义。1911年11月18日，全校师生参

① 张兴锋：《教育功利化现象审视》，《教育发展研究》2008年第21期。

图 5    聚奎中学的 2012 年和 2014 年的两次高考誓师大会

加了白沙军民起义誓师大会，大会结束后师生们四处游行演说，高喊着革命的口号，张贴由本校教师萧湘起草的讨清檄文《聚奎学校为白沙首义布告全川父老文》，在白沙在江津在四川掀起了革命的浪潮。这次誓师大会是辛亥革命在四川的首义，此后革命的浪潮席卷了整个四川。白沙镇聚奎学校也由此名噪一时。跨越百年的学校，前后两种的誓师大会也许给予我们今天的学校很多启示。一百年前的聚奎学校所担负起来的是民族和国家的责任，带动的是社会的革命行动，对于白沙、重庆甚至是四川来讲具有划时代的意义，是那个时代特殊的历史背景所决定。百年后的这次誓师，"为中华崛起而读书"的振臂呼喊同样显示了聚奎师生在国家富强民族复兴中的责任担当。

时过境迁，当年聚奎学校办学的各种环境都已经改变了模样。无论是政府不得以的庙产兴学，亦或是士绅出资办学，还是此后学校董事会制度的红利释放，亦或是陪都时名人竞相来校讲学，今天在聚奎中学里面都已无法再度复制与重演。然而，每个时代都有每个时代评价学校的标准，今天的聚奎学校也面临着被时代评价和考核的状况。而关于学校的评价也日渐与人才培养的评价融合，成为今天教育发展和学校变革进程中的重中之重。对于生活在当下的中国学校来讲，提升人才培养质量是最需要直面的话题，聚奎中学也不例外。人才培养质量意味着社会声誉，意味着招生体量，意味着学校能否争取到更多的社会资源，意味着学校办学将会获得更好的平台。提升人才培养质量是学校发展的命脉所系，也成为聚奎回归百年名校根本与核心的任务。然而，如何评判人才培养质量、如何评判一所学校的办学水平是摆在今天每一个教育工作者和学校面前的重大命题。学校提炼办学理念、采用教学技术、开展学生活动等等所有工作的评价标准是否只是存在于学生的卷面成绩和学校的升学率之中？外在的升学率能否成为人才培养质量和学校办学水平的唯一标准。从目前来看，考试评价仍旧是不完美但却有很强合理性的方式。从学校某年的工作总结中我们可以看到今天的聚奎中学非常重视教育教学质量的提升，只是在外显的分数和升学率下，学校还应当更加深刻的思考内在的促进学生发展的方向和路径在哪里。

　　某某学年度，我校教职员工乘势而上，教育教学再创辉煌，高考中考喜获丰收。高考，1259 人考上大学录取分数线，上线率比去年增加了 2 个百分点，达到了 91%；其中本科以上 643 人，占上线人数的51%，比去年增加了 5 个百分点；考上重点大学的人数为 87 人，比去年增加 14 人，连续 4 年实现递增，这个数字，除江津中学外，比其余学校的总数还多 25 人。绝大部分指标数全面超过区教委目标考核的最高限。中考，110 人参考，51 人上江津重高录取分数线，上线率 46%；上江津中学、聚奎中学分数线的有 39 人，上线率 36%，比去年增长了18 个百分点。

　　媒体的报道也把关注的目光聚焦在了学校的升学率上。我们看到当地主流媒体最近一次对于学校的大篇幅报道这样写道：

**重庆市聚奎中学校＊＊年高考成绩创历史最好成绩！**
　　6 月 30 日，笔者从该校获悉，今年该校共有 1688 人参考，上线人数 1648 人，上线率达到 97.6%。其中重点本科上线人数 180

人，本科以上上线人数近 1000 人。今年高考是重庆市实施新课改后的第一年高考，也是江津聚奎中学升格为重庆市聚奎中学后的第一年高考，更是聚奎中学实施"翻转课堂"后的第一年高考。今年聚奎中学高考成绩创造了三项第一，高分实现重大突破，600 分以上人数近 10 人；重点本科上线人数在去年的基础上再增加 20 人，达到 180 人，本科上线人数 945 人；上线总人数达到 1648 人。

在当下，一所学校的知名度、美誉度和声望所依赖的是学校的办学质量和学生的学业成就，当然在缺少科学评价的情况下通常它也被简化为学校的升学率和学生的考试分数。考试制度存在一定的局限性，但却又是当下兼具公平和效率的评价方式。考试制度需要的是改进而非摒弃，应当通过改革提升考试在评价和促进教学质量上的科学性。对分数和升学率的片面的过度的追求必将伤害人才培养的本质，而一味指责或者不切实际的考试制度改革也将对教育产生危害。追求教学质量的提升已经成为今天每一所学校需要面对的最根本问题。时代发展对人才培养质量的要求已经异于往常，确切的说是更加的复杂、深化和多样化。当然，时代发展对人才的迫切需求也导致了学校在提升办学质量过程中出现某些异化行为。特别是急于成功和唯分数的倾向可能会影响到学校对办学质量的认识和提升措施，而焦虑和急功近利的社会心态也极有可能传导到学校教学中。如果学校办学限于这样的工具化和功利化氛围，无论校长还是教师、家长还是学生，都容易陷入迷茫甚至迷失。这不仅让人与之前的"钱学森之问"勾连了起来，要培养优秀人才担当国家富强民族复兴的大任，以聚奎学校为代表的新时代学校还应当更加深入的思考和探索如何培养学生和评价学生的教育命题，更应当以改革的姿态探索培养什么样的人和怎么样培养人的时代命题。这也将成为未来较长一段时期学校变革和教育发展的核心主题，理论研究和办学实践都应当积极回应这样的主题，从根本上提升教育水平和办学质量。

从教育转型和学校变革的形态来看，20 世纪后半叶开启了制度转型和文化转型两部分结合的混合型变革。这种混合型的变革中新旧观念和体制共同存在，既相互藕合又相互冲突；时而相互弱化时而相互强化。从分析的角度来看，混变中的观念和体制含有新旧两部分。而从综合的角度来看，混变中的观念和体制是一种新旧杂陈的形态，其不同部分之间相互矛盾与冲突的现象之普遍，整合程度之低，这种低程度的整合也严重削弱了观念和体制的威权。不得不承认的是，教育的变革始终接受着来自社会变革的强烈冲击，教育变革的发生都是来自社会变革中观念和体制的变化，其最终的结局也取决于变革后的教育与新观念、新体制是否吻合。在社会变迁尚处在观念体制混变之中时，教育的变革也必然会陷于这种混变之中，"新"与"旧"既相互冲突也相互耦合，观念、体制和行动也存在步调不一的状况。"作为学校变革的一种社会背景，观念和社会体制混变是学校办学产生失范行为的重要外部致因。观念和体制混变会直接致发学校变革失范，即这种混变本身便会使学校变革在面临与解决特定问题时陷入无章可循、有章难依或随意择章的困境，以致产生非教育的乃至反教育的教育失范，社会也致发非文化的乃至反文化的教育失范"①。

---

① 吴康宁：《社会变迁对教育变迁的影响》，《华东师范大学学报（教育科学版）》1997 年第 2 期。

# 第六章

## 找寻学校变革的理路

学校变革"是学校作为一种社会机构和教育组织，在受到外力（如社会转型）和内力（如学校自主发展的强烈愿望）的推动下发生的组织形态、运行机制上的更新与改造"①。学校层面的综合变革，是当代中国教育变革有机的构成。直面真实的当代中国学校变革，我们能够感受、发现教育变革的复杂性。学校变革内蕴着多维关系的综合互动，内蕴着多元主体的多维互动，并呈现为动态生成的过程。② 学校变革的专家学者们曾把学校变革看作是一次走向未知的目的地的旅行，变革的过程不仅复杂，而且充斥着无数的未知，乃至种种意外。如"政府政策的改变或经常被重新解释；行政的离任；有联系的重要人物调动工作；新技术的发明……"③。当代中国社会转型的宏观背景和教育改革长久以来积累的问题构成了学校变革的内外环境，学校变革要在这样复杂的环境中厘清思路、确定目标、协调关系、整合力量、寻求方法。可见，今日中国学校变革的复杂和艰难程度超过以往，但是这种复杂和艰难的程度也召唤着理论研究者和实践探索者们自觉提升思维品质，探寻变革的方法。无论是聚奎学校，还是如聚奎一样的千千万万的学校，都在这个转型的时代寻求一条适合自己的变革之路。尽管学校变革已经取得了巨大成就，成为支撑我们今天教育体系发展，促进国家社会进步的重要动力。但是，囿于认识的局限、利益的藩篱和环境的约束，我们看到今

---

① 杨小微：《全球化进程中的学校变革》，华东师范大学出版社 2004 年版，第 19 页。

② 李家成：《透析学校变革的复杂性》，《教育理论与实践》2006 年第 6 期。

③ ［美］迈克·富兰：《变革的力量——透视教育变革》，中央教育科学研究所译，教育科学出版社 2004 年版，第 27－30 页。

天这些探索变革的努力仍有着极大的提升空间。聚奎学校的百年变革之路给予了我们很多启示，但是要把这些启示转换为现实可用的经验，还需要我们认清学校变革的时代境遇，在此基础上结合历史的经验找寻当下学校变革的理路。

# 一、学校变革的时代境遇

## （一）学校变革的合理性

正是我们对人自身发展的不断追求才带来了教育的发展，正是我们对卓越教育的不断追求才带来学校的变革。学校也从其产生起就不断经历着各式各样的理念的冲刷、文化的嬗变、制度的更迭、方法的变化，令人眼花缭乱目不暇接。特别是进入新的世纪以后，由于观念、文化和技术等的不断发展，学校变革迎来了新的机遇，进入了变革加速时期。新的改革方案不断出台，新的教改试验不断地在探索与创新，新的教育理念不断地被宣讲与传播，然而整个基础教育的改革似乎仍行动迟缓。① 然而，包括构建现代学校制度在内的学校变革也实实在在推动了教育的发展。我们今天的教育质量已经不能与过往同日而语，中国教育取得的成就也为今天的世人所广泛称道。即便是经常被人诟病的所谓"应试教育"也引发了西方教育界的自我反思。英国广播电视公司用纪录片《Are Our Kids Tough Enough? Chinese School》的形式记录了一项教育实验，中国的学校教育和管理模式在西方文化背景下的学校中也取得了优秀的成绩，非常发人深思。当人们还在抱怨我们自己"不完美"的学校变革时，国外教育界已经开始更加客观看待什么样的学校变革是好的学校变革，中国的学校变革实践能够为今天的学校变革提供什么样

---

① 王有升：《理想的限度：学校教育的现实建构》，北京大学出版社 2003 年版，第 54 页。

的智慧、方案和经验。到底学校变革是否有效、有价值，是否可行并取得预期效果，即学校变革的合理性问题，已经成为研究和实施学校变革的首要问题。在解释合理性的问题上，韦伯、科尔曼和罗尔斯分别代表了不同的观点。"合理"在《现代汉语词典》中界定为"合乎事理或道理"，其英文对应词有"the rational"和"the reasonable"。然而，在罗尔斯的理论中，这两个英文词的含义却差异巨大，而在其两本重要著作《正义论》和《政治自由主义》的中译本中，两词的译法又刚好相反，因此这里有必要做些说明。"合理的"（reasonable）与"理性的"（rational）是罗尔斯政治哲学对人的基本假设。他对"理性的"的界定，与经济学"理性选择理论"等对"理性人"（经济人）的界定是一致的，都强调"尽可能好地来促进自己的利益"与"相互冷淡"。"合理的"与"理性的"的区别在于，合理的行为主体具有某种特别的道德敏感性，而理性的行为缺乏之；合理性是公共的而理性却不是。① 我们此处所论及的合理性是学校变革的相关者对学校变革的一种价值判断和预期，是根据理论或事实的标准与尺度对学校变革所作的可能性、可行性和效果的分析。这种合理性让学校变革中的思想、行动与历史、逻辑能够保持一致，让学校变革的目的和手段自洽，让变革的结果符合变革者的利益诉求和文化旨趣。

学校变革的发起者无论是基于何种目的发起变革，都需要经由一定的事实和价值的标准进行前置、过程和结果的检验，这即是一种合理性的拷问。合理性之于学校变革，发乎于学校内在诉求，是保证学校变革有序有效的基础。原因在于：首先，学校变革的合理性拷问是学校变革的根本问题之一，它决定着学校改革目标和归宿的确立。如果不能回答学校变革的合理性拷问，那么学校变革的目标必然是散乱、模糊、不确定的，有时候甚至是会脱离教育的目的。有些变革未曾发起就夭折，还

---

① 李业兴：《罗尔斯政治哲学中"理性"的界定与作用》，《中山大学学报（社会科学版）》2006 年第 5 期。

有些变革开展得轰轰烈烈却对学校发展实无一用，究其原因就是对合理性问题思考的不足。其次，学校变革的合理性拷问影响着变革的发起和进程。如前所述，学校变革是一个复杂的巨系统，涉及的内容广泛、环节众多、程序繁杂，时刻面临着判断、决策，需要随时进行分析、比较和取舍，而这些问题都是学校变革合理性问题的构成要素。回答了学校变革的合理性问题，这些变革过程的问题也就迎刃而解。再次，学校变革的合理性问题决定着变革的效率和效益。只有合理的学校变革才能理解复杂的各种变革力量之间的互动，创造条件使这种复杂的互动向着有利于我们的方向发展。然后，确定、扶持、加强和加速那些有价值的成果的形成。① 学校变革的合理性拷问集中地反映在学校办学理念、指导思想和办学者的思维方式等之中，影响着参与变革者对变革的理解和认同程度，影响着变革系统之外对变革的态度和评价，从而最终影响学校变革的实际效果。

作为一种社会行动和教育行动，学校变革的合理性特征判断可以借鉴韦伯对社会行动合理性的分类来进行定义。韦伯把社会行动划分为了四类，"第一，目的合乎理性的，即通过对外界事物的情况和其他人的举止的期待，并利用这种期待作为条件或者作为手段以期实现自己合乎理性所争取和考虑的作为成果的目的；第二，价值合乎理性的，即通过有意识地对一个特定的举止的——伦理的、美学的、宗教的或做任何其他阐释——无条件的固有价值的纯粹信仰，不管是否取得成就；第三，情绪的尤其是感情的，即由现时的情绪或感情状况；第四，传统的，由约定俗成的习惯"。② 也有观点把教育改革的合理性划分为了目的理性式和价值理性式，把改革的合理性划分为了工具理性、价值理性和混合

---

① ［美］迈克·富兰：《变革的力量——透视教育变革》，中央教育科学研究所译，教育科学出版社 2004 年版，第 286 页。
② ［德］马克斯·韦伯：《经济与社会》，林荣远译，商务印书馆 2004 年版，第 56 页。

理性。[①] 笔者借鉴以上这些划分方式，结合学校变革的特点，把学校变革的合理性划分为工具合理性和价值合理性两类。第一，工具合理性。这种合理性主要强调的是学校变革作为达成某种目标所具备的有用性与可能性。学校变革的工具合理性基于对学校变革可能产生结果的预测，是客观和中立的。具有工具合理性的学校变革主张通过有效率的投入带来学校运行状况的改善和提升，追求的是通过预测选择最具经济效率的变革方案，是一种带有功利性的行为。第二，价值合理性。这种合理性要符合绝对的或主观的价值，它看重学校变革是否符合一定的理念或准则，价值合理性对学校变革更多考虑学校变革的目标、过程和结果是否是符合主观价值和意义。因此，由于主体不同，学校变革的价值合理性的标准也就有差别，是多元的如政治诉求、经济效益、伦理或道德价值、社会规范等等。现实中任何成功的社会行动都是两者合理配比与互补造就的，成功的社会行动具有的合理性特征是既有工具性价值，行动与周围环境和条件的适应，也符合行动的主观价值，即课程改革所追求的目标和遵循的规范；既有主观的价值判断对主观愿望、意愿、信念或道德标准的重视，也有对客观条件与手段的分析，因此，它所重视或坚持的是多元标准和多因素分析。

　　当我们出发的路程越来越远，似乎忘记了出发的起点和终点在哪里。当我们的实践者和理论者还在发奋变革的时候，似乎忘记了对变革本身合理性的拷问，仅仅是为了变革而变革。以合理性来拷问今天的学校变革，我们发现很多的学校变革尚存在诸多疑问。这些关于合理性的疑问主要体现在工具合理性与价值合理性之间应当形成何种良好的配比和互补关系。当然，当下学校变革的合理性还需要改善，偏颇的方法论无益于学校发展。具体表现为：第一，重视价值合理性忽视工具合理性。就今天的学校而言，很多变革目标的实现必然是受到资源、文化和

① 刘生全：《教育改革的合理性取向分析》，《教育研究》2008 年第 4 期。

社会环境的限制，并非是按需所取为所欲为。然而，有些学校变革在设计时片面追求宏观愿景的高端大气，或者过于重视理念层面的目标规划，而忽视了学校变革所面临的资源、文化和社会环境约束。这种脱离实际的学校变革终究会因为现实中的具体问题备受打击而无法实现最终目的。第二，重视工具合理性忽视价值合理性。相较于第一种的偏颇，这类的问题在现实中更加普遍。大多数学校变革的领导者作为理性人存在于变革之中，在功利化倾向驱使下，变革者领导的变革可能更加注重效率，可能更加追求工具合理性。这背离了教育活动的本质属性，没有从受教育者的需求出发。因此在这种变革中，学校越是发展的有效率，其教育的功能和价值就越低。这种不合理性的危害也特别大，这样的学校"教育不再对应于人类生活的全部，而只被局限于社会知识的部分；教育不再和流动的生活共生共长，而只是被用来传达所谓的永恒知识；教育不再观照个体的生命成长，而只是考虑为社会提供更多的具有统一规格的未来劳动者；教育不再把儿童看作是人的发展的必经阶段，而把未成熟状态看作人类的原罪，把实现社会化作为儿童发展的固定目标"①。"这种教育人体上只能投合人性的理智方面，投合我们研究、积累知识和掌握学术的愿望，而不是投合我们的制造、做、创造、生产的冲动和倾向，无论在功利的或艺术的形式上都是这样。"② 和谐平衡的合理性才是学校变革的正道，过度强调任何一方必然造成学校变革的先天不足与后天缺失，先天不足的学校变革因缺乏内在支撑而显得无神，后天缺失的变革因缺乏外在资源而显得无力。这些都不是变革的理想状态。

---

① 朱小蔓：《教育的问题与挑战——思想的回应》，南京师范大学出版社 2000 年版，第 26 页。
② [美] 约翰·杜威：《学校与社会进步》，王承绪译，人民教育出版社 1980 年版，第 27 页。

### （二）　制度变迁的有效性

近现代中国的教育制度变迁，主要围绕着两个核心问题展开，即建立稳定的教育体系和通过制度安排运行这个体系。前者是把中国的教育体系导入现代化的进程，并形成自我的稳定和规范，后者则是要为这个体系的高效运行提供良好的制度安排。"前者是新中国成立以前近一个世纪的教育现代化变迁的主题，后者则是近五十年来教育现代化建设探索历程的根本课题。"[①] "百余年来对中国不同时期教育政策和实践影响最大最深的教育理想莫过于国家主义了，国家主义的教育理想对我国当前的学校发展仍然发挥着根本性的影响，这种影响涉及学校的培养目标、教学的内容和方式、学校的管理体制、办学方式等一系列重要的方面，对这种价值取向在实践中所产生的积极和消极作用进行研究同样必将对我国的学校变革产生重大和深远的现实影响。"[②] 国家主义下的教育变革便是政府主导下的教育变革。政府之所以要主导和干预学校的变革，是政府作为理性经济人合体而做出了"趋利避害"的决策。"趋利"就是政府要获得学校变革的社会收益（包括巨大的溢出效益），"避害"就是要克服市场条件下学校变革的过多的自主性和随意性，避免学校变革可能对公共福利产生破坏。政府充分运用了其合法性基础和对资源的控制，基于以上的"趋利避害"的决策实施了对学校变革的主导。但是，我们还应当看到这种政府理性的经济考量并非吸收了学校作为变革主体的参与，很多时候学校仅仅是被动的认同和顺从。就像牛津大学的教授巴斯卡（Pascale）在总结学校变革失败的三大因素时指

---

① 田正平、李江源：《教育制度变迁与中国教育现代化进程》，《华东师范大学学报（教育科学版）》2002 年第 3 期。
② 石中英：《20 世纪教育中的国家主义：回顾与讨论》，《教育学报》2011 年第 6 期。

出的那样，变革中学校没有参与感，像是置身事外的一种存在。[1]

过度集中统一、整齐划一的学校制度变革的容易造成两种倾向，首先是造成不同学校的特色被忽略，另外一种倾向就是把学校制度变革局促为一种以固化组织形式存在的行政活动，这在某种程度上限制了学校变革活力。于是，我们看到当今的学校制度变革还存在许多尚待改进之处：

第一，学校办学自主权需要进一步扩大。科层制度自诞生以来统治着公共管理的各个领域，发挥了极好的效益。在现行的学校体制当中，科层管理同样带来了很多好的效益，提高了管理效率。因此，当下中国学校的改革始终没有从根本上动摇科层制的核心地位，坚持在科层管理的内部进行制度上的修补。科层制带来效率的同时，也同样带来了问题，最显著的便是学校高度集中的决策和执行体制。这种高度的集中带来的最大危害是屏蔽了学校变革的参与渠道，把学校变革变成一场领导意志决定的个人行为。这种自上而下的决策结构和程序就无法使所有相关人员都能影响到学校生活的形成，无法让他们感觉到自己是运动的一个积极的组成部分。[2] 高度集中的决策与执行体制，让学校成为政府意志实施的场所，学校好像是一个没有生气没有活力的机构。学校是否变革、如何变革都取决于处庙堂之高的政府。学校变革的江湖之远与之形成了屏障，政府看不到变革的实践却不断在发号施令。学校作为国家教育的执行机构旨在完成上级的行政指令，政府也因为管理和统治的需要而乐于控制学校的行动。于是我们看到，学校只会从政府那里获得资源的供给，校长也由上级教育行政部门任命。学校只会对提供资源的政府唯命是从，校长只会对任命自己的上级机关和领导负责。在资源供给和

①　邱毅：《放谈企业变革的理念与原则》，《北京大学学报（哲学社会科学版）》1999 年第 1 期。

②　［美］Sandra Hollingswrth：《国际视野中的行动研究》，黄宇等译，轻工业出版社 2002 年版，第 188 页。

人员擢升的控制面前，学校就成为国家和地方行政机关的延伸部门或者派出机关，而校长以及其他管理者越来越成为官员或者公务员。在某程度上，缺乏灵活性和独立性的决策体制容易导致学校变革行为的僵化。从聚奎学校发起创办和变迁的历史来看，上下结合式的学校变革似乎更能调动大多数变革者的积极性，政府与民众间共同参与式的教育互动也更符合学校发展的实际。

　　第二，学校变革活动的专业显示度有待加强。对学校过多的直接管理也会导致学校变革的专业性受损。学校变革具有较强的专业属性，主要表现在变革实施者的专业性和变革内容与过程的专业性。校长作为学校变革的关键实施者，在学校中行使其自主权的同时也受到权力的操纵和塑造。校长在学校变革中被解放的同时也受到禁锢，在获得权力的同时也接受各种约束。校长们获得了新的然而也更苛刻的角色期待，他们处于新的然而也更难以处理的教师、管理者和家长的关系网中；他们有更新的责任，却并未获得相应的自由裁量空间，财权和事权并未形成有效配合与协同。几乎可以说，世界范围内的学校变革同样存在诸多问题，这些问题集中表现在校长的角色冲突上，有人用"有求必应"一词作为表达校长的感受和体验的关键概念，校长的角色发生了巨大的变化，过去我的主要兴趣在课程革新上，现在我是东跑西跑迎合别人。①校长的角色冲突使得他必须要为学校财政的开源节流负责，因为不管是从学校的安全、稳定甚至生存的问题上，学校都依赖学校的资源问题，而不是教学本身的问题。久而久之，校长就会对学校财务管理的方式习以为常，并将这种方式运用在校长与教师之间的关系上，甚至表现为非学校组织的管理主义。校长所需要的产品要从教师身上得到，这会使得校长更加限制教师的行为。校长已经偏离了作为教学专业人员的角色，他除了去关注国家课程、教学、学生需要和效益的问题，更要去关注大

---

① ［美］斯蒂芬·J.鲍尔：《教育改革的批判和后结构主义的视角》，侯定凯译，华东师范大学出版社 2002 年版，第 107 页。

量非教学甚至是非教育的问题。他的价值观正在急速地从原来的"伦理专业主义"漂移到"技术统治的管理主义"①，在"技术统治的管理主义"中，社会关系被降格为纯粹的功利主义。学校变革的内容和过程也具有很强的专业属性，所涉及的有教育学、管理学、社会学等等专业学科。从变革的设计到变革的内容，再到变革实施的环节与步骤，都需要专业知识和方法来支撑。政府管理部门各种决策的综合性优于专业性，无法真正进入学校变革的专业知识和专门方法，而只能将一般的、普遍的变革方法运用到学校变革中来。这些变革的知识和方法在学校变革中具有适应性的问题，仅仅依靠自上而下的政令机械推动，就容易造成学校变革的专业属性受损。

第三，学校制度变革设计与执行的科学性有待提升。学校变革设计与执行中目标的模糊、方案的有限理性、责任的缺位、过程的冲突与博弈、监督的乏力以及变革的疲劳等还会导致学校变革缺乏必要稳定性。一方面，高度集中的决策和执行体制会造成僵化死板的情况。因为在决策中如果参与度不够，则执行中会因为过于集中不利于调动参与者的积极性，也无法将执行的效果及时有效地进行反馈。另一方面，在政绩心理的影响下，任期之内的教育行政官员（包括校长）都希望在自己的任期内在学校改革中做出好的政绩，又容易采取短期行为而急于行事。同时，由于对变革的成本和责任没有明确清晰的认识，某些学校变革者经常忽略成本，淡化责任，在短期目标的引领下随意变换着变革的方案，朝令夕改，令师生不知所措。"我们处于一个'能够做事'并'急于做事'的社会，对一个问题的回答就是一个方案。若是这个方案行不通，那就换一个新的方案。若是一系列的方案都行不通，就干脆对这个

---

① 靳涌韬：《教育学视域下我国现代学校变革有效性研究》，博士学位论文，辽宁师范大学 2012 年，第 110 页。

问题产生厌倦感，接着就转向其他的新问题了。"① 缺乏科学设计的变革常常会出现朝令夕改、频繁调整的无序现象，而且这种无序常常又会在不经意间扰乱原本的计划、节奏，带来更大的忙乱和无序。教育行政管理机构中的不同部门经常各自对学校下发文件或行政指令，这些文件和指令常出现重复、交叉甚至相互矛盾的规定和要求，使学校莫衷一是、疲于应付。② 频繁的变革行动已经让学校筋疲力尽，让教师们在面对花样百出的教学改革时表情麻木，造成了学校变革承担者们集体疲劳的现象。这种疲劳和麻木有时候还会转化为抵触甚至是隐形的破坏。缺乏参与并且疲劳不堪的学校管理者和教师们用隐性抵制和抗争的方式表达着对于学校变革和教育改革的意见。"教育改革的历史反映了这种倾向，当改革观点没有被完全实现时，努力就失去了动力和可信度。这种倾向被移到了一个更紧迫的新的学校发展变革研究点上，而不是评价和反思这些努力面对的障碍。"③

### （三）文化建设的生成性

文化品性的生成是学校生来具有且持续发生的过程，是一个从自在到自为的过程。尽管它很多时候需要一些人为的促成，然而一旦失之有度则容易造成南辕北辙，越是有意为之就越是离真正的文化越来越远。正是因为对学校文化的误解，学校文化品性的养成往往被理解成校园文化的刻意为之，是一个需要规划、实施和检查的"工程"。它强调学校物质环境、制度环境和心理环境的建设，突出学校特色和个性的外在促成。当隐性课程概念被引介到中国学校中以后，学校文化又被嫁接到隐

---

① ［美］罗伯特·G. 欧文斯：《教育组织行为学》，窦卫霖等译，华东师范大学出版社 2001 年版，第 258 页。
② 陈佑清：《学校变革的三种影响力量》，《教育发展研究》2012 年第 4 卷。
③ ［美］唐娜·伊·玛茜：《学校和课堂中的改革与抗拒——基础学校联合体的一项人种志考察》，白芸等译，华东师范大学出版社 2005 年版，第 292 页。

性课程建设上来。课程论的研究也开始染指学校文化的话题。在这里，我们并非反对课程论的研究为学校文化的话题添砖加瓦，但是这种对课程泛化又对文化窄化的做法实际上对二者都无甚大益。因为此做法"必然缩小了学校文化品性生成的意义、任务与功能，在学校处于转型性变革时期的今日中国更是如此"①。当今的学校变革也充分意识到了文化的重要作用，纷纷做出姿态和采取行动从文化中挖掘学校变革的价值。然而，我们首先应当澄清关于学校文化的诸多认识，如果过度强调用有形的、可比的、数字化的方式"建设"取代自然生发、自主发展的学校文化生成方式，必然容易造成学校变革中的文化瘀滞和形式主义等现象：

第一，学校变革中要防止文化瘀滞。文化的瘀滞在学校变革中的表现类型很多，这种文化上的瘀滞主要表现在对社会文化、学校已有文化和外来文化的态度与处置问题上。首先，社会对学校的影响主要通过资源和文化的输入来实现，特别是文化的发展性要求个人和集体不断地采取主动行为，建立新的起点，从而以这种方式突破自然的固有性。正是这种活动为人类历史提供了动态因素。② 但是学校文化毕竟有着稳定的内容、责任并形成一定惯性，容易对外加的变化产生一定的抵触，易于"把变化拒之学校门外，把世俗与流行视作洪水猛兽，筑起围墙保持校内一方经典的净土"③。特别是一些优秀的有着深厚内涵和引领价值的文化不能成为学校变革的能量，形成了瘀滞。学校变革文化瘀滞的另外一种表现是对学校原有文化元素的消化、吸收和运用的不利。学校已有的文化素质和特点是学校变革最可依靠的基础，这一点也得到了变革的认同。然而，学校的文化遗产产生于特殊的时代语境，形成于丰富的历

---

① 叶澜：《试论当代中国学校文化建设》，《教育发展研究》2006 年第 8 期。
② ［荷］C. A. 冯·皮尔森：《文化战略》，刘利圭等译，中国社会科学出版社 1992 年版，第 17 页。
③ 叶澜：《世纪之交中国学校教育文化使命思考》，《教育改革》1996 年第 5 期。

史进程，其中很多内容和功能均已发生了变化。如果这些文化不能被当下的学校变革所吸收，仅仅保留其外壳而没有做到有效的"化"，那么这些文化不但不能支撑学校的变革，甚至其文化内容和精神实质也将被消解。另一种文化的瘀滞是对待外来文化的问题上，这种外来的文化既包括来自教育系统不同地域、不同学校的，也有来自非教育部门、非政府部门的。这些文化式样如果不经消化，不做吸收，其结果要么水土不服，要么会造就千篇一律的学校文化面孔。

第二，学校变革中文化建设要戒除形式主义。产生形式主义的原因首先是对文化把握的难度让学校变革者无法深入实质，而只能流于表面。文化的本质是内隐的，非是外在的；是可意会，不可言说的。因此，文化无形，也就不容易被把握。要考察一所学校变革的文化基础，必须关注其由内而外的转化过程，文化必须附着于特殊的形式载体之上才能被外在地识知。因此，容易造成忽略内在实质，转而追求外在形式载体的风气。另外一个造成形式主义的原因在于长久以来存在于学校办学中的"达标"和"评比"。如前所述，文化是内隐的，只有附着在形式载体上才能显现，这种显现未必就能反映内在文化的特点和优劣。但是为了方便行政部门教育政策和文化政策的执行、监督和检查，就发展出了一套达标和评比的手段来考察这些外在的形式。学校变革只有通过扩展形式载体来表现其文化内在的质素及其结构水平。久而久之，学校变革中的文化建设便忘记了文化的本质和文化生成的出发点，把学校文化建设搞成了形式评比和达标活动。于是，现实中学校变革的文化意义被降格为一系列流于表面的活动，表现在：第一，校园环境符号的形式化。有些校园文化中环境符号追求"高大全"为特点，用词讲究、句式整齐，常以醒目的石刻、条幅和雕塑等形式出现，其反映的内容与学校的现实实际和发展可能相去甚远，并且在很多学校中彼此重复，毫无特色可言。还有学校热衷于物质环境的建设和学校的形象设计，似乎学校文化就是学校的各种文化设施，或者就是形象设计。这突出表现在了学校文化建设的特点上[1]，它们普遍重视学校建筑、环境美化绿化、教育设备设施、文化景点、文化长廊、校训校歌、励志碑刻、警言标语、行为仪表、校徽校服等的设计与应用，把注意力集中在美化、绿化和整齐化上，运用各种景观设计的方法和技巧"装点"宿舍、教室和校园，没有大树就直接移植，没有泉水溪流便就地开挖，没有名言警句便到处斧凿刀刻，等等，这类现象不胜枚举，需要引起警惕。第二，学校"文体活动"的空心化。能否感应时代潮流，相应国家和民族号召，顺应社会发展趋势，是学校文化建设和变革中需要深入思考的问题。因为只有具有真正的高层次的精神追求、文化涵养和社会责任的文化构建行动才能唤起师生内心的动力，才能不断经受住时代变迁的考验。在学校文化构建中特别需要警惕一种不合理现象，就是为文化而文化，急于求成地投机取巧，去短时期内打造一种简单迎合流行趋势和趣味的学校文化，这些学校文化式样"从积极意义上讲，或多或少对学校也是有益的，但从根本上看，终归是表面的、形式的和肤浅的，最多只能是一种现象层面的文化。"[2]

我们看到很多学校在绞尽脑汁地寻找文化根基、塑造文化形象，也在通过各种各样的渠道建设着自己的文化。然而，如果学校的文化建设没有附着在教学育人的核心本质上，游离于学校教育活动的核心与本质，那么学校文化的"建设"就是是悬置，处于无根无基的状态，没有从根本上与真正的文化命脉相连接，其吸引力和生命力便十分有限。防止文化瘀滞和戒除形式主义在今天的学校文化生成中有着特殊重要的作用，其根本目的都在于使学校文化更加有本源、更加有特色和更加有生命力。

---

[1] 程斯辉：《学校文化建设中值得注意的"五重五轻"倾向》，中青会第十六届学术年会交流论文，1995 年。

[2] 谢延龙：《学校文化建设的误区及其反思》，《教育发展研究》2008 年第 10 期。

## 二、寻路问学：逻辑与历史中的学校变革之路

迈克·富兰在《变革的力量——透视教育改革》中说："有成效的教育变革充满着似是而非和互相矛盾的现象。"学校的变革也是这样一个充满矛盾和不确定性的过程，让人捉摸不定。然而，实践者和理论者仍旧力图找寻那些千百万学校变革背后的理路。聚奎学校从诞生之日起所经历的一系列变革是整个中国近现代学校变革的缩影，对聚奎学校的解剖让我们依稀看到学校变革的理路。这理路分明标注着学校变革发展的缘起、节点、景象和走向。循着聚奎学校变革以来的路径，我们看到那些成功的学校变革似乎有迹可循，这些实在是今天学校变革路向的指引。

### （一）从社会变革中汲取力量

社会转型无疑将会产生极大的引力和扭力，这就像太阳系中太阳的公转一样，其他很多行星会随着太阳的公转而发生位移和自转。学校无法摆脱社会转型带来的引力和扭力，处于这一种公转和自转的运动体系中。然而，学校在这样的运动体系中并非是一无是处的被动牵引，它有着自身的要素结构和功能，有着自我的运动规律。因此，学校的变革必然是以自身特性为基础的，与社会转型相协调的动态转化的过程。我们通过教育史可以进一步明晰每一次学校教育的发展与衰退周期变化总是与经济的繁荣和萧条的周期变化相一致。① 合理的、良性的学校变革并非是绝对无误地与社会转型保持同步同构，而是会从社会转型中吸收推动的力量，同时也会关照教育自身的属性与特点。学校变革的理论和实践都对社会变革、对学校变革的影响缺乏深刻的认识，仅仅是把两者关

---

① ［美］约翰·S.布鲁柏克：《教育问题史》，吴元训译，安徽人民出版社1991年版，第79页。

系的认识停留在通过将社会变革的理念与逻辑通过生硬嫁接和简单演绎的方式得出学校变革的理念和逻辑。社会变革与学校变革的相关性是毋庸置疑的，但是这种直接的嫁接和直线的推理抹煞了学校作为教育组织所特有的教育独立性和内在文化属性。例如，社会迎来信息时代发展信息产业，于是便需要一定数量的信息人才，学校就要培养一定数量的信息人才；社会要运用市场经济体制来配置资源，学校也要依靠市场机制来配置资源，等等。这些简单的移植、同构已经让学校变革走了弯路吃了苦头。学校并非是政府机构的附属物，也不是企业生产的延伸。虽然社会无时无刻不在运动，其结果迟早会引起其结构上的一系列变化，即社会变迁。而无论社会变迁的成因中是否会有教育的作用，它迟早都会对教育产生影响，并最终导致教育变迁。[①] 但是这种从社会变迁产生的变革扭力并非都是建设性的，事实上，社会变迁内部中也存在着整体与局部、传统与现代、保守与激进等张力。这些非建设性的力量有时可能造成破坏，破坏学校的运行内核与状态，阻碍学校的变革。因此要客观分析和准确把握学校与社会转型的关系，特别是与所处时代的关系。

今天的中国具有独特的文化、历史、社会结构、发展方式以及未来的发展远景，都是当下学校变革应当识知与理解的。这些既是学校发展的条件，为学校发展提供正向的能量，同时也可能会对学校变革产生内在制约。学校的围墙隔离不了社会变迁的汹涌浪潮，学校变革避免不了这些冲击和影响。社会变迁带来的利益的调整，阶层的变动，观念的流行，终将会波及学校。这种影响的作用机制和可能产生的结果还有待于分析。用新马克思主义的中心思想来看，如果要阐明政治、经济与教育之间的关系，就应该使用意识形态、统治权威和文化等思想概念。[②] "当前教育中的许多问题和危机，其实都只是教育政策在深层历史结构以及

---

① 吴康宁：《社会变迁对教育变迁的影响：种社会学的分析》，《华东师范大学学报（教科版）》1997 年第 2 期。

② 王川：《教育社会学的"批判"理论述评》，《学术界动态》1988 年第 3 期。

意识形态的外在矛盾表现。"① 从我们的历史结构和现实状况来看，戒除外在负面影响的努力主要还是在意识和理念层面。要使得学校变革真正从社会变迁中汲取到正向的能量，就要做到：第一，增强学校在社会结构中的整合度。学校生存于社会的场域，而"一个场域的动力学原则，就在于它的结构形式，同时还特别根源于场域中相互面对的各种特殊力量之间的距离、鸿沟和不对称关系"②。在学校外部和内部都存在着不同力量之间的对抗、交流与统合，这些关系组成了学校内部和外部的场域，并且两个场域之间存在着重叠和交叉，彼此之间形成某种结构。一旦这样的结构形成，学校变革便要受到这种结构的影响。这种结构性影响很多时候会使学校的变革问题愈加复杂，让"改革学校绝非轻而易举，决策者和各利益集团正逐步认清这一事实"③。较高的整合度有利于学校从社会整体变革中汲取正向能量，从政治改革、经济改革、文化变迁和社会转型中获得正向的意识形态、物质资源和文化等能量，用以支持学校发展。第二，增强学校变革的内核稳定性。学校从社会转型、变迁和发展中汲取正向的变革能量时，也有可能吸收到变革的负面能量，比如可能存在的科层主义、官僚主义、低效和腐败，再如经济领域中的趋利、商业化，等等。这些负面能量可能通过意识形态、人员升迁、经费拨款等等途径给学校变革带来负面影响。要屏蔽这些负面的影响，就需要学校变革有一个稳定的内核，这个内核应该是一个包括了办学理念、学校章程和专业化等在内的复合体，它决定着学校变革的根本方向。学校的办学理念就是学校办学的价值观，是理念层面的判断标准，决定着一项行动或者一个决定是不是对学生发展和学校发展有利

---

① G. Grace, *School Leadership: Beyond Education Management*, London: Falmer, 1995, p. 5.
② ［法］皮埃尔·布迪厄：《实践与反思——反思社会学导引》，华康德等译，中央编译出版社 1998 年版，第 139 页。
③ ［美］戴维·T. 康利：《谁在管理我们的学校——变化中的角色和责任》，侯定凯译，华东师范大学出版社 2005 年版，第 70 页。

的，并可以接受的。同时，办学理念还是学校行动的指南，是凝聚人心的关键，将对学校变革起基础作用。学校章程就是学校行动的宪法，在学校办学活动中具有至高无上的地位，规定着学校变革的基本面。真正的学校章程应该是学校的"护法神"，它以法定的形式决定学校的性质和方向。学校变革的专业化也就是学校办学的专业化，从办学内容上可以划分成为学校管理专业化和课程教学专业化，从群体上可以划分为校长专业化和教师专业化。专业化是保护学校变革的技术壁垒，保证相关的特定的知识和认识成为学校变革的方向和效率。由这三部分组成的学校变革的内核具有稳定性和权威性，它不会因为个别领导人选的变化而变化，不会因为小部分人的思想的变化而变化，不会因为经济利益的局部变化而变化，这在一定程度上维护了学校变革的自在逻辑，屏蔽了社会变革中的负面影响。聚奎学校的变革印证了成功的学校变革必然能够合理地从社会转型中获得力量。学校自创始起，便把自己的命运与办学者、社区、社会和国家紧紧联系在了一起，学校的每一次变革都来自于内在需求和外在推动的有机协作。也只有把学校置于社会与时代背景中，把变革与社会转型的积极影响联系起来，学校的发展才能够获得更多力量。

### （二）制度变迁要突出诱致性

学校变革是教育变革的核心，制度变迁是学校变革的核心。学校中存在的制度变迁是指学校相关制度的更迭、转换和交易的过程。通常来说，"它是一种效率更高的制度安排对另一种制度安排的变迁"①。学校的变革史通常就是学校制度的变迁史，推动学校变革的核心在于促进学校制度的良性变迁，而选择学校制度变迁的方式是实现制度良性变迁的基础。那些由个体或群体在利己动机驱使下，在理性分析支配下，自发

---

① 史彩霞：《强制性制度变迁的困境——对中国大学治理结构低效率的制度解读》，《复旦教育论坛》2006 年第 4 期。

地响应、参与和实施的制度变迁属于诱致性的制度变迁；"由国家或集团通过政策法令主导实施的制度变迁称之为强制性制度变迁"①。从理论和实际上看，学校制度变迁宜选择诱致性方式。

国家在教育活动内部的制度安排有两种，一种是事关国家教育目的、宗旨和发展方向的宏观的基础的制度安排，这类制度安排具有纯粹的公共物品性质，是政治和公共选择的结果。另外一种制度安排是第二级的制度安排，较之于第一级的制度安排，它更加具体化、更加具有操作性，而且具有契约性。新制度经济学诞生以来，把所有人与人之间存在合作性的生产、分配、交换和消费的活动都纳入了其分析范畴，教育也不例外。教育是合作，也是契约，它生产、分配、交换和消费，是精神性的服务产品，满足的是人对于物质、精神和自我发展的需求。在教育活动中，利益相关者们在理性经济人的假设下达成了一致，促进了教育活动的正常进行。政府在宏观的教育制度变迁中的作用主要是创设、修改和完善基础性的制度安排，因为这种安排需要大量的费用和多个主体的"一致同意"，要借助于政府的力量。而第二级的契约制度安排具有文化性和经济性特点，又具有自发性和自愿性的特点。这类制度涉及的主体相对有限，完成制度架构所需要的耗费必然低于第一级的制度安排。因此，对于学校当中的制度变迁应该强调诱致性和自发性，而不能像第一级制度设计上那样过多强调政府干预。当前学校制度变革中的大部分制度具有第二级制度的特点，更加适合采取自发或者诱发的方式。因此，学校制度变革应当侧重于诱发性制度变迁。

从学校变革的实践来看，诱致性方式的制度变迁也更加适合当前的状况。学校层面的制度变迁采取强制性的变迁方式存在很多制约因

---

① ［美］科斯·诺思：《财产权利与制度变迁》，刘守英等译，上海三联书店1994年版，第384页。

素,① 这些制约因素将导致强制性变迁不能达到预期效果，甚至会产生一定的破坏作用。这些制约因素主要包括：学校经费来源构成、政府的治理行为、意识形态刚性等等。特别是现实中尚未有完整的社会科学知识能够有效控制强制性变迁的各个环节和后果。制度安排选择集合还会受到关于制度变迁的社会科学知识储备的束缚，"即使政府有心建立新制度安排以使制度从不均衡恢复到均衡，但由于社会科学知识不足，政府也可能不能建立一个正确的制度安排"②。

诱致性制度变迁方式和强制性制度变迁方式都曾经在各自的历史中发挥过积极的作用，也有着各自不可克服的先天不足。因此，二者在现实中往往结合为一种交叉互补的关系。强制性的变迁是中国特殊的社会状况所决定的，这种强势的逻辑在整个学校制度变迁中占据着绝对的统治地位。诱致性制度变迁是一个自下而上、从局部至整体的制度变迁过程，能够灵活变通因势利导，发挥各种积极因素实现学校积极的变革。中国的学校发展极不均衡，单纯依靠某一类型的制度变迁是行不通的。同时，这种不平衡也导致了国家难于找到某个一般适用的模式到处推广。恰恰那些来自底层的诱致性的制度变迁有着很强的适应性，更符合当前的实际。聚奎学校的这段历史已经过去将近一百年了，其中的很多背景和情节已经非常模糊。尽管我们在尽力还原那些细节，但是仍旧无法像研究当下学校问题那样进行全方位描述。即便如此，我们也还是在田野和文献中窥见了这段历史的概貌，特别是注意到了诸多细节对思考今天学校变革有很多启示。无论何时何地，制度永远是学校有序有效发展的根本保证，教育管理的首要问题就是实现制度的合理生成，促进制度的良性变迁。现在的学校和过去的学校不能同日而语，但当时聚奎学

① 史彩霞：《强制性制度变迁的困境——对中国大学治理结构低效率的制度解读》，《复旦教育论坛》2006 年第 4 期。
② 林毅夫：《关于制度变迁的经济学理论的诱致性制度变迁与强制性制度变迁》，2012 年 8 月 25 日，见 www.doc88.com/p – 2415849938.html.

校的许多做法对于思考和解决学校发展问题特别是学校制度的生成问题仍然裨益良多。从聚奎学校校长更迭与董事会成立的过程来看，好的学校制度是不断生成与变迁的，而这个过程是一个多元主体参与、多重逻辑支配与多回合力量博弈的诱致性的制度变迁过程。要真正实现学校变革中的诱致性制度变迁需要做到：

第一，诱致性学校变革需要利益相关者实质参与。教育制度实质上就是利益制度，是为了一定阶级、阶层、集团和一定人的利益而制定的。教育制度归根结底来源于个人的利益追求和利益追求过程中的计算。[1] 因此，教育制度的生成必然需要利益相关者的参与。从学校决策及其实施的过程来看，迫切需要解决的一个核心问题就是利益相关者的参与，即如何使不同层次、不同类型的利益相关者有效地参与学校的政策制定和实施过程，"并在这一过程中合理而有效地实现利益的集中、综合、表达和捍卫"[2]。今天的教育活动已经与其他社会活动浑然一体不可分割，并且在很多时候成为社会活动的核心。学校的活动日益成为一个庞杂的巨系统，日益牵涉到越来越多的利益关系和利益相关者。学校制度是指引和规制学校活动的根本原则，它促使学校利益相关者的价值性活动和精神性活动形成稳定的行为方式，让利益关系各归其位各得其所。制度的生成与变迁正是这些有着利益关系的群体争取各自利益的过程，这个过程又体现在不同利益群体行为方式和相互关系之间的变化之上。透过聚奎学校的这段历史，我们看到许多学校内部制度确立前利益相关者们已经积极介入了学校活动，这种介入是种实质性的介入。首先，建立了实际关系，利益相关者在资金、权力、情感和文化上与学校有着实际关系，而非是纯粹的象征关系；其次，推进了实体介入，利益

---

① 康永久：《教育制度的生成与变革》，博士学位论文，华中师范大学 2001 年，第 66 页。

② 康晓芒：《权力的转移——转型时期中国权力格局的变迁》，浙江人民出版社 1999 年版，第 182 页。

相关者组成了各自的行动集团，它们组织有序行动有力，纷纷伸张自己在学校的利益。聚奎学校董事会制度生成的另一个重大意义在于其自下而上的改革，这种向上的方式充分证明了制度生成需要利益相关者多元主体的实质参与。当时新阶层的壮大为他们参与社会生活进行院外活动奠定了社会基础，而那段时期混乱的社会节奏客观上创造了宽松的制度生成环境，让利益相关者能够较为自由地出入学校的各种办学活动，并施加实质性的影响。在今天的学校制度的生成与变迁中，利益相关者的参与度较为有限，参与意愿和参与渠道都还不能令人满意。他们对学校发展经常表现的漠不关心或者无能为力，缺乏自组织性，处于冷淡、游离和无所适从的状态。要改变这样的状况，让利益相关者实质性参与学校制度生成进程需要一个宽容和宽松的环境。对于利益相关者自身而言，增强参与意识、提升参与能力和加强自组织性是必要的。

第二，诱致性学校变革的过程受多重逻辑影响。借用社会学家蒂利的话来说，影响社会变迁的逻辑是一些重复再现的动因，它们在不同的情形和次序排列组合中相互作用，从而导致相去甚远但又循迹可查的结果。① 我们审度聚奎学校董事会制度的生成过程发现，不同的利益相关者的利益出发点以及他们利益之间的相互关系左右了制度的走向，这便是学校制度生成的逻辑。由于利益相关者来自不同的领域，他们各自的利益诉求也有差别，于是造成学校制度生成逻辑的复合性，也决定了学校制度的生成与变迁历来的缓慢并且纠结。具体到聚奎学校的利益相关者而言，来自政府的逻辑是为了加强对地方的控制；军阀派系势力的逻辑是迫切占有学校资财；创办者邓家的逻辑是承担家族使命维系家族荣耀；校友会的行动逻辑是出于对学校的感情和个人的精神寄托；学校教员的逻辑则是出于对自身生存条件的保障和改善。这些经济的、政治的、文化的和情感的逻辑交织在校长选聘的过程中，促进了制度的生成

---

① C. Tilly, *To Explain Political Processes*, American Journal of Sociology, Vol. 100, No. 6(1995), pp. 594 - 610.

与变迁，并影响着制度的运行。此外，各方力量的对比决定着学校制度的生成逻辑结构，力量占据上风的利益团体将更容易贯彻自己所遵从的行为逻辑，更容易表达和实现自己的诉求。聚奎学校董事会制度的生成就是地方士绅、校友和教职工所代表的一方力量占据了优势地位，最终的董事会制度也朝着有利于他们的方向发展下去。在如今的学校制度生成和变革中，众多利益相关者的逻辑还没有参与到制度变迁中。于是，今天学校的变革也容易被行政的或者市场的逻辑所影响，不能形成多种逻辑相互平衡又相互补充的局面，很多时候影响了学校制度生成中的教育性、文化性和情感性。此时，特别需要政府在学校制度的生成和变革中注意把握自己的角色，既要积极参与更要积极克制，善于让渡话语权，促进利益相关者的各类逻辑在学校发展中发挥影响，彰显学校变革利益相关群体的参与作用。

第三，诱致性学校变革是多回合博弈均衡（multiple equilibrium）的结果。"人们在教育制度之下的教育交往过程，就是人的教育行为与各项教育制度之间不断调适与磨合的过程，也是教育制度在不断修正的过程中渐趋合理的过程。"① 这阐明了教育制度的生成与变迁需要连续调试与磨合，尽管这种调试与磨合的方式可能表现不一。聚奎学校董事会制度是经过了长达十二年之久和多达十余人次的校长轮换才得以最终确立，这期间更是由道县两署政府、军阀派系、乡村士绅、商会、校友会和教职员工组织了规模不一、层次不同的院外活动，经历了十几载的交锋和混乱。各方力量在校长选聘事件中角力，并随着外部社会大环境与群体内部小环境的变化而发生力量对比变化，形成斗争和拉锯。最终在中央政府的安排与调和下，各方势力走向了妥协与合作。在这其中，地方士绅和校友会始终维护学校发展，深得人心，在最终力量对比中占据了上风。因此，他们也在董事会成员的构成上占据了优势。经过前后

---

① 李江源：《论教育制度的变革》，《清华大学教育研究》2011 年第 8 期。

多回合的博弈，校友、士绅和教职员工的组织得到锤炼，管理能力和活动能力得到提升。这些真正关心学校教育发展的力量占据了董事会的主体，掌握了决策的权利。学校的利益相关者们在学校制度创设的环境中，不断角力、交锋和妥协，不断证明着各自利益主张的合理性。对觊觎学校财产、破坏学校秩序的行为予以抵制，对影响教学活动、违反教育规律的主张予以修正。几经多回合的较量，利益相关者通过组成行动集团、从事院外活动、伸张利益诉求等行动，以表达展示、斗争交锋、对话交换、退让妥协等方式，最终实现了博弈后的均衡，并用董事会制度的形式将之稳定下来。

我们正在提出建立的现代学校制度也是学校制度的一种生成或变迁。然而，现代学校制度的制度红利释放还相对有限，还未达到所期望的最终效果。这是探索建立现代学校制度必须经历的历史阶段。聚奎学校的变迁中有许多值得借鉴之处，国外教育制度和学校变革的经验也可为我所用。今天的学校变革应当以更加开放的姿态对待自我和他者的经验，更要充分结合当今时代中国和国际社会的发展潮流，最终形成立足于传统和历史，又结合了未来趋势的具有中国特色的现代学校制度。

### （三）在形而上、下中生成文化

学校变革中的文化是各种文化的质素和载体在特殊的时空场域中经历多重锤炼而生成的。也只有这种经过自然生成的文化才能真正支撑学校变革的发展。今天在学校变革中存在的文化问题既有内因亦有外因，既有指导思想上的偏颇也有操作方法上的失当，特别是对于学校文化的理解和文化生成机制的认识还存在误区和盲区。美国组织文化学者斯肯（Schein）的定义比较适合学校文化范畴，他把文化界定为群体在解决外在调适与内在整合的问题过程中所习得的一套共享的基本假设，它包含三个层次：第一个层次是学校所有显性的文化成果，如物理环境中的建筑、艺术品、装饰品、称呼的方式、情感表达、可见的常规和仪式等；

第二个层次是学校成员所认同的价值观，包括组织成员共享的策略、目标、哲学等；第三个层次是学校成员基本的潜在的假设，包括无意识的、想当然的信仰、观点、思想和感觉等。① 也有研究把学校文化划分为：第一是观念形态，它是学校中成员所共同认可的价值取向、共同遵循的行为规范、共同奋斗的目标愿景等等，这里的学校成员包括了校长、教师、员工和学生甚至是学生家长。第二是符号，是那些学校成员所共同接受的，同时能够被成员所辨识和理解的具有某种意义的特殊标志，如学校教师中所采用的不同的对话和表达方式、常用的概念系统、代表成员身份和成员间相互关系的不同头衔和称呼，以及具有象征意义的仪式、图案、标语、旗帜和口号等标志，甚至是学校校长和教师的衣着举止等等。第三是规范，这种规范分为显性规范和隐性规范：学校中的显性规范也是那些正式的规划，它以具体有形的规章条目对学校成员的行为而作出鼓励、肯定或者否定的态度，从而塑造、引导和约束着学校成员个体的行为；那些隐性的规范则是学校在长期运行中形成的，内化为学校运行规则的一些惯例、习俗等，它没有硬性的约束却实实在在影响着学校成员的行为，它没有被学习和传达却被大多数人学校成员认可。第四是结构，是在学校这个组织系统中其内部各构成要素间的关系，既包括静态的位置关系，也包括动态的利益关系。学校的这种结构特征将直接决定学校功能与价值的发挥。笔者认为，文化的构成和生成可以用"形而上"与"形而下"的思想来加以概括。形而上是精神方面的宏观范畴，用抽象（理性）思维，形而上者道理，起于学，行于理，止于道，故有形而上者谓之道。形而下是物质方面的微观范畴，用具体（感性）思维。形而下者器物，起于教，行于法，止于术，故有形而下者谓之器。学校文化正是这样形而上下地存在着，形而上下地发展着。好的学校文化必然是能行走于道和器两边，进出于上与下之间的

---

① 谢翌：《重建学校文化》，《华东师范大学学报（教科版）》2005 年第 3 期。

文化。

在当前的学校文化建设热潮中，有人把学校文化简化为学校生活中存在的生活方式，而把那些与学校具体生活方式相距甚远的抽象的理念说成是空洞或者无用的。因此，学校文化建设就是要从小事小处做起，要善于解决现实的具体的问题，不要搞一些抽象的、空洞的和无用的东西。甚至认为"我们据以做事的方式"来对文化的进行过于通俗的界定。① 这样的观点注重具体而微的学校实际，主张以问题为中心采取学校文化行动，这种脚踏实地的主张有其合理之处，也在现实中深受实践者的青睐。然而，我们必须看到的是文化不仅仅是这些具体而微的存在，更强调一种形而上的抽象和一般。这种抽象和一般也让文化的要素之间产生了内在的联系，成为一个包容、开放和沟通的体系。学校文化是这样，一个国家或者社会的文化也是这样。学校文化今天的生境及其遇到的危机，并非都是学校自身具体哪一个策略和方法上的问题，甚至根本就不是学校自身的问题。观察这些问题需要"站在整个社会文化变迁的高度，用一种联系的观点、整体的观点和历史的观点看问题、想工作、做决策。这就是学校文化建设的大视野"。② 叶澜先生的建议也是要从大处着眼学校文化的建设。仅仅就学校文化来谈学校文化建设就忽略了中国学校文化与社会文化之间复杂而紧密的联系。只有学校文化的继承与创新放置在中国社会文化变迁转型的宏观架构中，才能更好理解叶澜先生所说的学校大文化建设。很多研究和实践从来只看重学校内部某一侧面某一类型的学校小文化建设，忽视了学校存在的大文化生态圈。这样的做法会割裂学校文化与社会文化的血脉联系，更无法孕育出具有一定超越性和前瞻性的新文化。

今天的学校也要有这样大文化的眼界和手笔，积极承担起文化的责

---

① ［澳］科林·马什：《教师初任手册》，吴刚平等译，教育科学出版社 2005 年版，第 325 页。

② 石中英：《学校文化建设要有大视野》，《新课程研究》2014 年第 2 期。

任与使命，参与到更广大的文化发展中去。要在参与中理解当今国家和社会的文化发展目标，构建出符合中国学校实际、富有时代精神和未来眼光的学校文化。要实现这个目标，需要学校有根植当前情景又超越历史和现实的勇气，有发掘、整合、创新的文化行动策略，"还要借助于新建的学校文化规范，这样才能推动学校文化与社会文化的改造和重建"①。石中英与叶澜两位学者的观点有很多相似甚至一致的地方，即都认为学校文化的生成必须要有一定的层次，实现一种对现实的超越。突破此时此地问题的界限，从人和社会长远发展的高度利益，从民族、国家的时代命运角度着眼。两个学者观点恰好回答了我们前述提到的学校变革的合理性这样一个根本性的问题，就是通过文化的方式来回答和解决学校变革的合理性。学校变革的合理性需要在价值和工具合理性中进行一个协调，而从目前的状况来看，我们更多的需要在价值合理性上多下功夫。当代中国学校价值观上的问题比较突出，这也是文化的根子的问题，那就是为什么要办学校？很多学校背离教育目的做法都是由于遗忘了学校为什么要办学，学校的存在的基础是什么。这样的问题貌似抽象和空洞，而恰恰是忙于具体事务的学校极少能有时间思考这样的问题，以至于学校在变革的路上忘记了起点也迷失了终点。

形而下的学校文化是形而上文化的载体和表现形式，如果这些"器"不存在了，那么"道"将焉附？因此，学校去建楼房、修塑像、挂标语等等这些本无可厚非。相反地，学校文化的生成恰恰是附着在这些有形有体的"器"上才得以保存和延续。学校的这种"建设"是文化生成的环节和步骤。但是需要指出的是，这些"器"如果没有被正确的思想、价值观和理念等附着其上，那么这种做法便是容易空心化和形式主义。聚奎学校正是在发现、选择、传递和创造文化的过程中实现了自身文化的提升。恰恰是在不经意之间，聚奎学校逐渐在点滴中有了

---

① 叶澜：《试论当代学校文化建设》，《教育发展研究》2006 年第 8 期。

自己的文化，也用这样的文化浸染了聚奎的办学风气和师生员工。今天聚奎中学在学校文化建设上注重积极主动营造文化氛围，注重从深沉的学校历史和辉煌的办学成就中汲取养分，对长久以来沉淀的学校精神和文化财富赋予时代内涵。因此，今天聚奎中学学校文化的生成，正是基于有源之水而水到渠成。聚奎学校的文化品性来自于他的创办者、管理者、教学者和受教育者，并非是哪一个群体、哪一个事件或哪一个现象所能代表和诠释的。而聚奎学校办学过程中的很多人物、群体、实践和现象等却也分明在代表和诠释着这所学校所具有的品性。聚奎学校的发展历史就是在真正文化思想所关照下的学校发展的思想史和实践史。聚奎学校的文化品性无论在其内容体现还是精神指归上，都是丰富而深邃的。它既可以表现为对时代对社会的回应和变革，又可以表现为对所处地区和社区的教育贡献与支持；它既可以表现对学校管理与发展的文化经营，又可以表现为对不同思想潮流和内容的接纳与宽容。聚奎学校文化个性的形成来源于学校的办学者们对学校所处的文化境遇的辨识，对原有历史中创生形成的文化质素的承继，对所处时代中新的文化转向和变迁的理解。在把握外在的基础上，聚奎学校的办学者们又有着深刻的文化责任感和使命感，洞彻观察学校生存状态中的文化体征，明了学校文化的结构与功能。辅之以外在的形象、符号、做派和风格，学校便形成了可亲近、可理解、可实现的独有的聚奎文化品性。今天的聚奎人同样肩负时代使命，同样勇于担当卓越自强。一代又一代的聚奎人，从教师到学生，从校长到员工，不断从时代发展中汲取灵感和力量，不断完善学校文化助力学校发展。聚奎校歌中这样唱到：迎时代曙光接力前贤，发扬聚奎精神创造美好明天，志不求易事不避难，德智体美全面发展，为振兴中华把重任担在肩。这样的意气风发昭示着一所百年名校已经站在新的时代起点，根植于历史与时代的探索将把学校推向更美好的明天。我们相信：聚奎的变革可期，千万所聚奎的发展可期，教育的美好明天可期！

# 结　语

涂尔干曾对法国自中世纪以来中等教育的演进历程进行过深入的全方位的分析，试图将当时法国中等教育的现实照亮，并指明其未来的发展方向。涂尔干的分析内容涉及教育思想、教育组织、学校体制、学生管理、教育内容、教育方式方法等诸多方面。他并不仅限于历史资料的收集与罗列，也不仅仅停留于历史事实的表面，而是力图阐明，在情势与社会环境的压力下，各个时期所面临的教育问题是如何在事件发生的进程中出现的，究竟什么样的解决方案获得了成功，产生了什么样的后果，我们又该从中汲取什么样的教益。聚奎学校一百余年来的变革实践形成了很多碎片，这些碎片如同闪着光的镜片，似乎每一片都折射着学校变革的现实，散发着引人思考的光芒。然而，当我们走进这些镜片竭力收集起来，并且通过拼图而希望看清镜中的图像，却发现无论如何努力拼接和调整视距都无法按照某一个既定的理论去获得真正的清晰的学校变革理路。

在选择研究聚奎学校之初，我曾经信心满满，认为透过聚奎学校的变革历史可以得出一些结论，这些结论必然也能够对今天学校发展提供很多借鉴。然而，随着研究的开展和深入，我越来越发现，并非是哪一种力量促成了变革的发展，并非是哪一个人左右着变革的方向，也并非是哪一种思想决定着变革的结果。当我想用现成的理论来把聚奎学校变革的历史来对号入座，我发现历史的现实似乎在有意捉弄，不会按照那些严密理论规定的方式规规矩矩地听从摆布。当我翻箱倒柜吸收众家之长来"妄图"建立一种新的解释框架的时候，我又发现大多数问题已经被学者们认识和熟知了。于是，我选择了中间路线，把已有的理论和我在聚奎历史中看到的事实结合起来，用聚奎变革的历史把学校变革的相关理论进行了重新组接，形成了如此这般的一个研究。这个研究的创新之处岂止是有限，仅仅是延续着一种创新的可能。对于学校变革的话题，还有许多理论和资料需要收集，已经收集的东西尚在胃里未曾完全消化。我把接下来的研究比喻成一个"反刍"的过程。因为，对于学校变革的话题，聚奎学校也还有故事要说要延续，其他学校的实践也在呼唤研究的关注，新的社会科学的理论也在昭示着学校变革理论进展的可能，这样的研究还会继续。

# 参考文献

## 一、中文文献

著作、文集类：

丁钢：《历史与现实之间：中国教育传统的理论探索》，广西师范大学出版社 2009 年版。

［美］道格拉斯·C.诺斯：《制度、制度变迁与经济绩效》，刘守英译，上海三联书店 1994 年版。

章开沅：《中国教育近代化丛书·总序》，广东教育出版社 1996 年版。

滕大春：《外国教育史和外国教育》，河北大学出版社 1998 年版。

［法］爱米尔·涂尔干：《教育思想的演进》，李康译，上海人民出版社 2006 年版。

吕达：《课程史论》，人民教育出版社 1999 年版。

季萍：《学校管理诊断》，教育科学出版社 2002 年版。

孙培青：《中国教育史》，华东师范大学出版社 2009 年版。

［美］基辛：《当代文化人类学》，张恭启等译，巨流图书有限公司 1980 年版。

叶澜：《二十世纪中国社会科学》（教育学卷），上海人民出版社 2005 年版。

顾明远：《中国教育的文化基础》，山西教育出版社 2004 年版。

傅维利等：《文化变迁与教育发展》，四川教育出版社 1988 年版。

丁钢：《文化的传递与嬗变》，上海教育出版社 1990 年版。

袁振国：《当代教育学》，教育科学出版社 2004 年版。

叶澜：《教育概论》，人民教育出版社 2005 年版。

刘琪：《中国教育的新生：文化的传递与嬗变》，上海教育出版社 1990 年版。

黄书光：《文化差异与价值整合》，教育科学出版社 2011 年版。

吴康宁：《教育社会学》，人民教育出版社 1998 年版。

谢维和：《教育活动的社会学分析》，教育科学出版社 2000 年版。

诺斯：《制度、制度变迁与经济绩效》，上海三联书店 1994 年版。

褚宏启：《中国教育管理评论》（第 2 卷），教育科学出版社 2004 年版。

[美] 约翰·丘伯：《政治、市场与学校》，蒋衡译，教育科学出版社 2003 年版。

朱小蔓：《基础教育阶段现代学校制度的理论与实验研究》，教育科学出版社 2008 年版。

阎凤桥：《大学组织与治理》，同心出版社 2006 年版。

康永久：《教育制度的生成与变革——新制度教育学论纲》，教育科学出版社 2003 年版。

康宁：《中国经济转型中高等教育资源配置的制度创新》，教育科学出版社 2005 年版。

[挪] 波尔·达林：《理论与战略：国际视野中的学校发展》，范国睿主译，教育科学出版社 2002 年版。

[美] 吉纳·E. 霍尔等：《实施变革：棋式、原则和困境》，吴晓玲译，浙江教育出版社 2004 年版。

[美] 迈克·富兰：《教育变革的新意义》，武云斐译，华东师范大学出版社 2010 年版。

[美] 迈克·富兰：《变革的力量（续集）》，加拿大多伦多国际学

院译，教育科学出版社 2004 年版。

宋永刚主编：《管理创新与学校发展》，陕西师范大学出版社 2004 年版。

[法] 莫兰：《复杂思想：自觉的科学》，陈一壮译，北京大学出版社 2001 年版。

[美] 罗伯特·G. 欧文斯：《教育组织行为学》，窦卫霖等译，华东师范大学出版社 2001 年版。

李书磊：《村落中的国家：文化变迁中的乡村学校》，浙江人民出版社 1999 年版。

季萍：《美国公立学校的发展研究》，高等教育出版社 2002 年版。

[美] 约翰·I. 古得莱得：《一个称作学校的地方》，苏智欣等译，华东师范学出版社 2007 年版。

[美] 西蒙：《管理行为》，詹正茂译，经济学院出版社 1991 年版。

罗荣渠：《现代化新论》，北京大学出版社 1993 年版。

郑新蓉：《现代教育改革的理性批判》，人民教育出版社 2003 年版。

费孝通：《论人类学与文化自觉》，华夏出版社 2004 年版。

罗志田：《裂变中的传承：20 世纪前期的中国文化与学术》，中华书局 2009 年版。

桑兵：《晚清学堂学生与社会变迁》，广西师范大学出版社 2007 年版。

王铭铭：《教育空间的现代性与民间观念：闽台三村初等教育的历史轨迹》，《社会学研究》1996 年第 6 期。

司洪昌：《嵌入村庄的学校——仁村教育的历史人类学探究》，教育科学出版社 2009 年版。

[丹麦] 曹诗弟：《文化县——从山东部平的乡村学校看二十世纪的中国》，山东大学出版社 2005 年版。

张济洲：《文化视野下的村落、学校与国家——一个地方社区基础教育变迁的历史人类学考察》，教育科学出版社 2011 年版。

徐杰：《走向华北民间社会——一个在民众中发现历史的重要方法近代华北区域社会史》，天津古籍出版社 2005 年版。

勒高夫等主编：《新史学》，姚蒙编译，上海译文出版社 1994 年版。

海伊：《何谓历史社会学》，上海人民出版社 1999 年版。

李喜所：《中外文化交流史》（晚清卷），世界知识出版社 2002 年版。

陈学恂主编：《中国近代教育文选》，人民教育出版社 1983 年版。

张秉铎：《张之洞评传》，台湾中华书局 1972 年版。

李华兴主编：《民国教育史》，上海教育出版社 1997 年版。

朱寿朋编：《光绪朝东华录五》，中华书局 1958 年版。

张之洞：《劝学篇》外篇第三，上海古籍书店 2002 年版。

赵树贵等编：《中国近代人物文集丛书：陈炽集》（庸书内外篇：学校），中华书局 1997 年版。

释东初：《庙产兴学说的产生背景及其发展和影响》，《中国佛教近代史》，东初出版社 1987 年版。

康有为：《请饬各省改书院淫祠为学堂折——康有为政论集》上册，中华书局 1981 年版。

舒新城：《中国近代教育史资料：上册》，人民教育出版社 1962 年版。

王仁俊：《正学篇》，《申报》，清光绪二十八年四月十九日。

［日］多贺秋五郎：《宗谱的研究》（资料篇），谢琳惠译，东洋文库 1960 年版。

黄炎培：《八十年来》，文汇出版社 2000 年版。

［美］杰拉尔德·C.厄本恩等：《校长论》，黄薇等译，重庆大学出版社 2004 年版。

［美］唐·倍根等：《学校与社区关系》，周海涛译，重庆大学出版

社 2003 年版。

［德］雅斯贝尔斯：《什么是教育》，邹进译，三联出版社 1992 年版。

《苏霍姆林斯基选集》（第一卷），教育科学出版社 2001 年版。

舒新城：《近代中国教育思想史》，中华书局 1928 年版。

朱有等：《中国近代学制史资料》（第二辑下册），华东师范大学出版社 1989 年版。

重庆市教育委员会：《重庆教育志》，重庆出版社 2002 年版。

中国蔡元培研究会：《蔡元培全集》（第二卷），浙江教育出版社 1997 年版。

［美］爱德华·弗里曼：《战略管理——利益相关者方法》，王彦华译，上海译文出版社 2006 年版。

［法］埃德加·莫兰：《复杂性思想导论》，陈一壮译，华东师范大学出版社 2008 年版。

［美］约翰·杜威：《道德教育原理》，王承绪译，浙江教育出版社 2003 年版。

陈独秀：《教育与社会——陈独秀文章选编》，三联书店 1984 年版。

瞿葆奎主编：《教育学文集·中国教育改革》，人民教育出版社 1991 年版。

毛泽东：《毛主席论教育革命》，人民出版社 1967 年版。

李文长：《基础教育改革的回顾与前瞻》，人民日报出版社 1998 年版。

杨小微：《全球化进程中的学校变革》，华东师范大学出版社 2004 年版。

［美］迈克·富兰：《变革的力量——透视教育变革》，中央教育科学研究所译，教育科学出版社 2004 年版。

王有升：《理想的限度：学校教育的现实建构》，北京大学出版社

2003 年版。

［挪］波尔·达林：《教育改革的限度》，刘承辉译，重庆出版社 1991 年版。

［德］马克斯·韦伯：《经济与社会》，林荣远译，商务印书馆 2004 年版。

朱小蔓：《教育的问题与挑战——思想的回应》，南京师范大学出版社 2000 年版。

［美］约翰·杜威：《学校与社会进步》，王承绪译，人民教育出版社 1980 年版。

李汉林：《中国单位社会：议论、思考与研究》，上海人民出版社 2004 年版。

［美］Sandra Hollingsworth：《国际视野中的行动研究》，黄宇等译，轻工业出版社 2002 年版。

［美］斯蒂芬·J. 鲍尔：《教育改革的批判和后结构主义的视角》，侯定凯译，华东师范大学出版社 2002 年版。

［美］罗伯特·G. 欧文斯：《教育组织行为学》，窦卫霖等译，华东师范大学出版社 2001 年版。

［美］唐娜·伊·玛茜：《学校和课堂中的改革与抗拒——基础学校联合体的一项人种志考察》，白芸等译，华东师范大学出版社 2005 年版。

［荷］冯·皮尔森：《文化战略》，刘利圭等译，中国社会科学出版社 1992 年版。

程斯辉：《学校文化建设中值得注意的"五重五轻"倾向》，中青会第十六届学术年会交流论文，1995 年。

［美］约翰·S. 布鲁柏克：《教育问题史》，吴元训主译，安徽人民出版社 1991 年版。

［法］皮埃尔·布迪厄：《实践与反思——反思社会学导引》，华康

德等译，中央编译出版社 1998 年版。

[美] 戴维·T. 康利：《谁在管理我们的学校——变化中的角色和责任》，侯定凯译，华东师范大学出版社 2005 年版。

[美] 科斯·诺思：《财产权利与制度变迁》，刘守英等译，上海三联书店 1994 年版。

林毅夫：《关于制度变迁的经济学理论的诱致性制度变迁与强制性制度变迁》，2012 年 8 月 25 日，见 www. doc88. com/p－2415849938. html.

康晓芒：《权力的转移——转型时期中国权力格局的变迁》，浙江人民出版社 1999 年版。

[澳] 科林·马什：《教师初任手册》，吴刚平等译，科学出版社 2005 年版。

赵中建：《全球教育发展的研究热点：90 年代以来联合国教科文组织的报告》，教育科学出版社 1999 年版。

论文类：

叶澜：《实现转型：世纪初中国学校变革的走向》，《探索与争鸣》2002 年第 7 期。

林清华、何恩基等：《教育策划与学校管理变革》，《教育评论》2004 年第 4 期。

赵学华：《试论中国学校发展的内生机制》，《北京社会科学》1997 年第 4 期。

吴增强：《积极的组织文化：学校发展的深层动力》，《上海教育科研》2003 年第 9 期。

杜学元：《试论教育与文化变迁的关系》，《四川师范学院学报》1989 年第 5 期。

杨小微：《文化创新：教育变革与发展的持续动力》，《教育发展研究》2011 年第 12 期。

石中英：《二十一世纪基础教育的文化使命》，《教育科学研究》2006 年第 6 期。

郑金洲：《多元文化激荡中的教育变革》，《学术月刊》2005 年第 6 期。

夏德清：《论教育与社会的关系》，《华中师范大学学报》1986 年第 5 期。

卫道治、沈煜峰：《教育与社会变迁》，《武汉大学学报》1988 年第 5 期。

毛亚庆：《应注重以学校为主体的校本管理》，《教育研究》2002 年第 4 期。

刘朋：《关注发展型组织：学校改革的新主题》，《教育理论与实践》2004 年第 8 期。

吴康宁：《社会变迁对教育变迁的影响：一种社会学的分析》，《华东师范大学学报（教育科学版）》1997 年第 2 期。

吴康宁：《中国教育改革为什么这么难》，《华东师范大学学报（教育科学版）》2010 年第 4 期。

孙翠香：《学校变革中的利益冲突表现成因及其化解》，《教育发展研究》2012 年第 4 期。樊浩：《现代教育的文化矛盾》，《北京师范大学学报（社会科学版）》2005 年第 4 期。

李健：《论文化变迁与教育》，《兰州教育学院学报（社会科学版）》1996 年第 1 期。

陈学军：《新制度主义组织社会学视野下的教育组织研究》，《比较教育研究》2008 年第 7 期。

海因兹·迪特·迈尔等：《教育中的新制度主义》，《北京大学教育评论》2007 年第 1 期。

罗燕：《教育的新制度主义分析：一种教育社会学理论和实践》，《清华大学教育研究》2003 年第 6 期。

罗燕、叶赋桂：《2003 年北大人事制度改革：新制度主义社会学分析》，《教育学报》2005 年第 6 期。

史静寰、郭歆：《院校与研究生教育的制度创新：工程硕士专业学位的生成及制度化过程研究》，《教育研究》2005 年第 6 期。

郭建如、马林霞：《社会学的制度与教育制度研究初探》，《比较教育研究》2005 年第 4 期。

李家成：《透析学校变革的复杂性》，《教育理论与实践》2006 年第 6 期。

李佳敏、范国睿：《从复杂到简约：学校变革路径探索》，《教育发展研究》2009 年 2 月。

盛冰：《学校变革的一般理论及其反思——社会资本的视角》，《教育学报》2007 年第 4 期。

柯政：《学校变革困难的新制度主义解释》，《北京大学教育评论》2007 年第 1 期。

柏成华：《新公共管理视野下的学校变革》，《教育理论与实践》2008 年第 10 期。

杨小微：《当代学校变革中运行机制的探寻》，《教育研究与实验》2008 年第 2 期。

盛冰：《社会资本、市场力量与学校变革》，《北京师范大学学报（社会科学版）》2005 年第 1 期。

杨天平、陈光祥：《学校变革：现代学习型学校制度建设研究》，《学术研究》2006 年第 5 期。

刘国艳：《学校变革中的若干问题与合作型学校的构建》，《广西师范大学学报（哲学社会科学版）》2006 年第 2 期。

李先军：《家长参与：学校变革的应然选择》，《南通大学学报（教育科学版）》2008 年第 1 期。

李春玲：《我国学校组织变革研究的现状及展望》，《华东师范大学学报（教育科学版）》2006 年第 3 期。

叶澜：《实现转型：世纪初中国学校变革的走向》，《探索与争鸣》2002 年第 7 期。

范国睿：《走向学习型组织的现代学校》，《教学与管理》2001 年第 1 期。

刘朋：《关注发展型组织：学校改革的新主题》，《教育理论与实践》2004 年第 8 期。

刘永林：《学校管理创新的基本策略——构建开放的学校组织系统》，《现代教育论丛》2002 年第 1 期。

叶澜：《当代中国教育变革的主体及其相互关系》，《教育研究》2006 年第 7 期。

杜育红：《论教育组织及其变革低效的制度根源》，《北京师范大学学报（人文社会科学版）》2002 年第 1 期。

杨颖东：《学校变革的复杂性探析：复杂科学的视角》，《教育发展研究》2012 年第 4 期。

田正平、叶哲铭：《微观视野下的中国近代乡村教育——相关人类学著作的若干启发》，《湖南师范大学教育科学学版》2008 年第 6 期。

容中逵：《百年中国乡村学校教学变迁的历史轨迹——基于颐村学校教育变迁的历史人类学考察》，《华东师范大学学报（教育科学版）》2013 年第 5 期。

杜靖：《历史人类学视野中的档案与文本》，《青海民族研究》2010 年第 4 期。

陈其南：《明清徽州商人的职业观与家族主义》，《江淮论坛》1992 年第 2 期。

黄崴、王晓燕：《学校与社区关系及其改善策略》，《教育科学》2006 年第 5 期。

楚江亭：《论特色学校创建中的公共关系管理》，《北京科技大学学报（人文社科版）》2009 年第 1 期。

吴洪成：《清末重庆小学发展述略》，《重庆社会科学》2007 年第 5 期。

吴康宁：《社会变迁对教育变迁的影响》，《华东师范大学学报（教育科学版）》1997 年第 2 期。

程少堂：《第三只眼睛看语文课改》，《语文教学与研究》2006 年第 22 期。

田正平、李江源：《教育制度变迁与中国教育现代化进程》，《华东师范大学学报（教育科学版）》2002 年第 3 期。

石中英：《20 世纪教育中的国家主义：回顾与讨论》，《教育学报》2011 年第 6 期。

邱毅：《放谈企业变革的理念与原则》，《北京大学学报哲学（社会科学版）》1999 年第 1 期。

陈佑清：《学校变革的三种影响力量》，《教育发展研究》2012 年第 4 期。

李春玲：《关于政府主导学校变革的教师问卷调查与分析》，《教师教育研究》2007 年第 2 期。

叶澜：《试论当代中国学校文化建设》，《教育发展研究》2006 年第 8 期。

叶澜：《世纪之交中国学校教育文化使命思考》，《教育改革》1996 年第 5 期。

谢延龙：《学校文化建设的误区及其反思》，《教育发展研究》2008 年第 10 期。

王川：《教育社会学的"批判"理论述评》，《学术界动态》1988 年第 3 期。

胡少明：《教育即交易，学校即契约——新制度经济学视野下对教育与学校的再思考》，《继续教育研究》2010 年第 4 月。

史彩霞：《强制性制度变迁的困境——对中国大学治理结构低效率的制度解读》，《复旦教育论坛》2006 年第 4 期。

李江源：《论教育制度的变革》，《清华大学教育研究》2011 年第 8 期。

谢翌：《重建学校文化》，《华东师范大学学报（教育科学版）》2005 年第 3 期。

钟启泉：《知识社会与学校文化的重塑》，《教育发展研究》2002 年第 1 期。

李佳敏、范国睿：《从复杂到简约：学校变革路径探索》，《教育发展研究》2009 年第 22 期。

范国睿：《复杂科学与教育组织管理研究》，《教育研究》2004 年第 2 期。

王建华：《论制度变迁与教育转型》，《教育导刊》2011 年第 1 期。

周洪宇：《20 世纪中国教育改革的回顾与反思》，《华中师范大学学报》2011 年第 5 期。

程晋宽、田正平：《教育变革与文化变迁的关系》，《河北师范大学学杂志（教育科学版）》2001 年第 1 期。

李业兴：《罗尔斯政治哲学中"理性"的界定与作用》，《中山大学学报（社会科学版）》2006 年第 5 期。

石中英：《学校文化建设要有大视野》，《新课程研究》2014 年第 2 期。

学位论文类：

杨小微：《学校变革的方法论研究》，博士学位论文，华东师范大学 2002 年。

王星霞：《学校变革发展研究》，博士学位论文，西北师范大学 2007 年。

徐书业：《变革的趋向：转型期的学校文化生态研究》，博士学位论文，西南师范大学 2003 年。

马健生：《教育改革动力研究》，博士学位论文，北京师范大学 1998 年。

王有升：《理念的力量：基础教育学校改革的社会学研究》，博士后报告，华东师范大学 2004 年。

蒋纯焦：《一个阶层的消失》，博士学位论文，华东师范大学 2006 年。

陆远权：《重庆开埠与四川社会变迁：1891 年—1911 年》，博士学位论文，华东师范大学 2003 年。

谢丰：《清书院改制原因》，硕士学位论文，湖南大学 2009 年。

康永久：《教育制度的生成与变革》，博士学位论文，华中师范大学 2001 年。

王东杰：《国家与学术的地方互动：四川大学国立化进程（1925～1939）》，博士学位论文，北京大学 2005 年。

孙翠香：《学校变革主体动力研究》，博士学位论文，华东师范大学 2010 年。

李星云：《校变革中的冲突与观念生成》，博士学位论文，华东师范大学 2013 年。

李春玲：《理想的现实建构：政府主导型学校变革研究》，博士学位论文，华东师范大学 2007 年。

蔡中宏：《论教育与社会发展》，博士学位论文，西北师范大学 2008 年。

李双龙：《民国四川教育经费研究》，硕士学位论文，四川大学 2002 年。

胡宗仁：《变迁社会中的晚清教育》，博士学位论文，南京师范大学 2007 年。

杨小辉：《从士绅到知识分子》，博士学位论文，上海大学 2007 年。

刘国艳：《制度分析视野中的学校变革》，博士学位论文，山东师范大学2007年。

李兴洲：《重构学校精神》，博士学位论文，南京师范大学2005年。

报纸类：

清学部：《议定强迫教育办法十款》，《中国日报》1907年4月3日。

陈学军：《世界、民族国家与现代学校：重思我国学校教育制度的产生》，《教育学报》2009年10月。

《民国时期的名校"收藏"：探寻成名背后的"秘密"》，《中国教育报》2010年8月29日，见http://edu. qq. com/a/20100829/000048. htm.

档案史料类：

《四川靖国军司令部第956号指令》，1918年3月29日，重庆江津区档案馆，J003全宗0005目录0146000005号卷。

《四川靖国军司令部第3620号令》，1918年5月3日，重庆江津区档案馆，J003全宗0006目录0146000005号卷。

《四川省教育厅第162号训令》，1925年2月19日，重庆江津区档案馆，J003全宗0012目录000420100号卷。

《四川省政府第359号令》，1925年6月6日，重庆江津区档案馆，J003全宗0001目录014600000号卷。

江津县政协文史资料委员会编写：《江津引种广柑》，江津文史资料选辑一。

四川省江津县地名领导小组编印：《四川省江津县地名录》，1987年。

《聚奎史稿003》，重庆江津档案馆，第J003号全宗0001号目录00170001号卷。

《聚奎史稿004》，重庆江津档案馆，第J003号全宗0001号目录

00170002 号卷。

清学部：《奏定各省教育会章程折》，《中国近代教育史资料汇编》，上海教育出版社，1993 年。

《聚奎史稿 006》，重庆江津档案馆，第 J003 号全宗 0001 号目录 00170000 号卷。

《聚奎史稿 010》，重庆江津档案馆，第 J003 号全宗 0001 号目录 00170000 号卷。

四川省教育厅：《民国二十八年四川教育年报》，成城出版社，1940 年。

教育部国民教育司编印：《四川省三十年国民教育设施概况表》，1942 年。

教育部国民教育司国民教育辅导研究委员会：《三十一年度国民教育实施概况》，1943 年。

## 二、英文文献

Paragrana, *Internationale Zeitsehrift fur Chorister Anthropology*, Berlin, 1992.

Scott, W. Richard, *Organizations: Rationa, l Natural, openhandedness*, New Jersey: Prentice – Hall Inter – nation, 1998.

Meyer, J. W. Trobriand, *Institutionalized Organizations: Formalist – cure as Myth and Ceremony*, The American Journal of Sociology, 1977.

Giddens, A., *Central Problems in Social Theory*, London: Macmillan, 1979.

David B. Truman, *The Government Process*, New York: Alfred A Knopf, 1951.

Grace G., *School Leadership: Beyond Education Management*, London: Flamer, 1995.

Tilly, C. , *To Explain Political Processes*, American Journal of Sociology, 1995.

Wulf, Ch. ( Hrsg. ), *Einführung in die pädagogische Anthropologie*, Weinheim, 1994.

# 后 记

庭中乔木有志朝天问，

堂下青竹无文欲学诗。

说乎斋中的大树又是一年新绿，楼下一丛竹子也再次蓄力生长，竹叶从窗口几近探头进到张诗亚老师的书房之中。张诗亚老师爱讲"字"，经常要讲到古人用竹木做简牍书写文字、记录思想、传播文化。然而，这个过程的实现并非是理所当然的，这青青竹如何能生得出那熠熠文呢？

古人制作使用竹简有两个重要步骤，首先即是选材裁切，其次便是火炙杀青。杀青是去掉青竹当中的水分，因其好似青竹出汗，也被称为"汗青"。这一步让竹片更加易于书写，且防虫防蛀。2011 年，我有幸通过了裁切的第一步，忝列张诗亚老师门下。因为功底薄弱，生性愚鲁，另有虫蛀一般的工作杂事缠身。老师的提问如火炙青竹，我常常被反问和追问到冒汗，羞愧难当。这一步的"杀青"让我也真心体会了读书不易，也体会了张诗亚老师用心良苦。我时刻警醒着自己要努力，唯恐荒废了老师辛勤的工作。即便是今天交出这份答卷，我仍然觉得自己与老师的要求相去甚远，离成为一片真正能书写和记录的竹简相去甚远。我只有以今后更加的努力来弥补。

此书是我在博士论文基础上修改而来，从最初形成研究主题到今天成书，许多前辈同侪对我的思考和写作带来了很多大有裨益的指导与建议。感谢我的张学敏老师，张老师引我入门，既在我修学问道上细心点拨，亦常常以父辈关怀指导我人生。感谢在学术研究和工作生活上给予我巨大支持的么加利老师，感谢给我提出宝贵意见的孙振东老师、何景熙老师、蒋立松老师、吴晓蓉老师、孙杰远老师等。感谢在调研阶段给予我大力支持的聚奎学校羊自力副校长等多位领导和老师、江津中学石怀湘书记、美国高点大学邓鹏教授，感谢在资料收集过程中，江津档案局的诸位领导和工作人员，他们都为最终成书提供了巨大支持与帮助。

最后，我还要感谢我的妻子和家人，他们给予了我很多情感上的慰藉和生活上的支持。

田晓伟

2019 年 2 月